# NORDZYPERN

W0056362

**1993**

**Hayit Verlag, Köln**

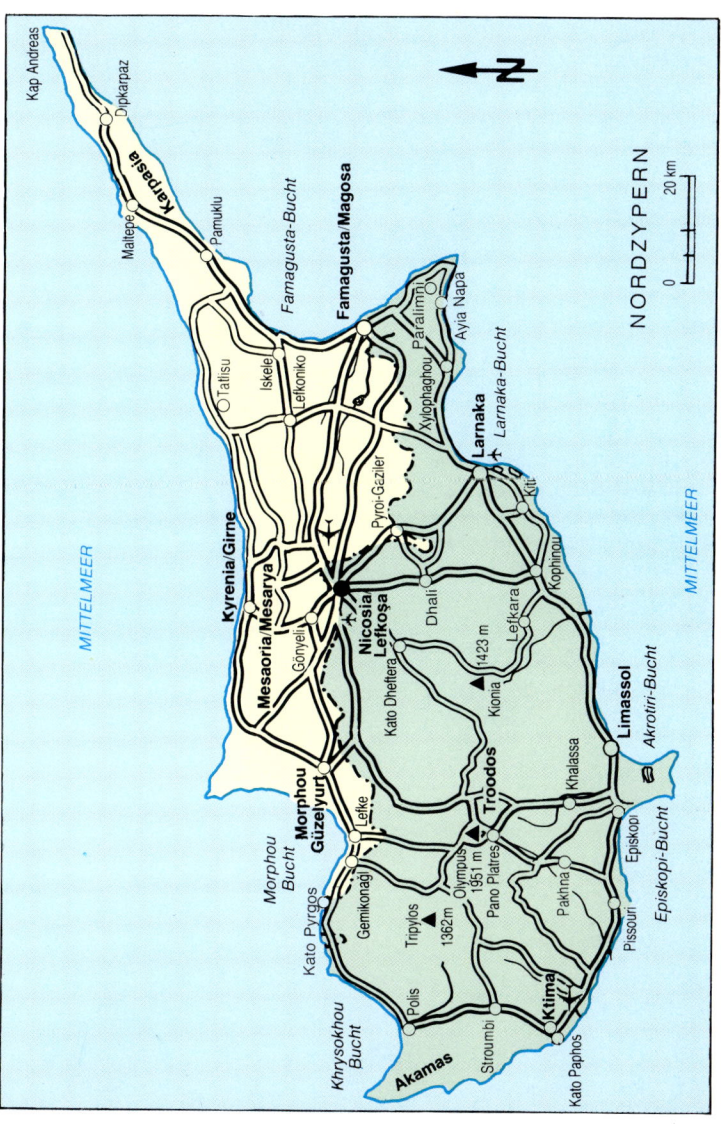

**Karten:**

Lageplan Zypern S.8
Gazımagusa (Famagusta) S.51
Girne (Kyrenia) S.75
Lefkoşa (Nicosia) S. 107

**Die Deutsche Bibliothek — CIP-Einheitsaufnahme**
**Hackenberg, Rainer:**
Nordzypern / [Autor: Rainer Hackenberg]. - Köln : Hayit, 1993
   (Nützliche Reisetips von A - Z)
   ISBN 3-89210-401-8
NE: HST

1. Auflage 1993
ISBN 3-89210-401-8

© copyright 1993, Hayit Verlag GmbH, Köln
Autor: Rainer Hackenberg
Satz: Hayit Verlag GmbH, Köln
Druck: Druckhaus Cramer, Greven
Fotos: Rainer Hackenberg, Volkmar E. Janicke (S.79)

2.4/04.3/Hu//Sl

# Inhalt

## Ortsverzeichnis

## Allgemeine praktische Informationen

# Was Sie beim Gebrauch dieses Buches wissen sollten

➡ Bücher der Serie ,,Nützliche Reisetips von A—Z'' bieten Ihnen eine Vielzahl von handfesten Informationen. In alphabetischer Reihenfolge klar gegliedert finden Sie die wichtigsten Hinweise für Ihre Urlaubsreise. Querverweise erleichtern die Orientierung, so daß man jederzeit das ausführlich behandelte Stichwort findet.

➡ Mit Reiseführern der Serie ,,Nützliche Reisetips von A—Z'' beginnt die umfassende Information bereits vor Antritt Ihrer Urlaubsreise. So erfahren Sie alles über Anreise (nur über die Türkei möglich), Dokumente, die schönsten Strände und Unterkunftsmöglichkeiten. Das Reisen auf der Insel wird erleichtert durch umfassende Darstellung der öffentlichen Verkehrsmittel sowie durch viele praktische Tips.

➡ Die Städtebeschreibungen, die ebenfalls alphabetisch geordnet sind, enthalten die wichtigsten Fakten über die jeweilige Stadt, deren Geschichte sowie eine Beschreibung der Sehenswürdigkeiten. Zusätzlich enthalten die Städte-Kapitel eine Fülle an praktischen Tips — von Einkaufsmöglichkeiten, Restaurants, Unterkünften bis zu den wichtigsten Adressen vor Ort. Doch auch das Hintergrundwissen für die Reise kommt in dieser Serie nicht zu kurz. Wissenswertes über die Bevölkerung und ihre Kultur findet sich ebenso wie über Geographie, die Geschichte und die aktuelle politische Lage.

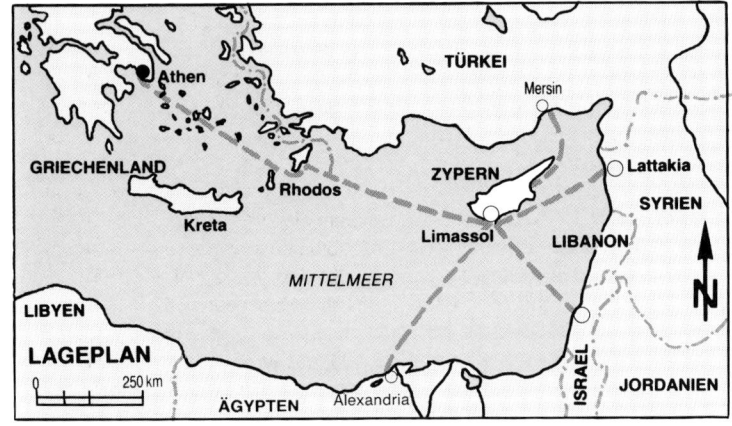

# Allgemeines

Zypern liegt auf 35 Grad nördlicher Breite und 33 Grad östlicher Länge und ist mit 9251 qkm Fläche (davon 3355 qkm Nordzypern) die drittgrößte Insel (nach Sizilien und Sardinien) im Mittelmeer. Die Küstenlinie ist 780 km lang. Die größte Länge der Insel beträgt 224 km, die größte Breite 96 km. Die kürzeste Entfernung zur Türkei mißt 65 km, nach Syrien 104 km und nach Ägypten 380 km.

Nordzypern ist der seit August 1974 von den Türken besetzte Teil der Insel. Durch die „Green Line" wird Zypern in zwei Teile geteilt, in die griechisch-sprachige Republik Zypern und den türkisch-sprachigen Teil Nordzypern. Seit 1983 hat sich Nordzypern zum unabhängigen Staat „Türkische Republik Nordzypern" erklärt, der jedoch nur von den Türken anerkannt wird.

Von Nordzypern aus gibt es keine Möglichkeit, in die Republik Zypern zu gelangen. Umgekehrt sind Tagesausflüge in den türkischen Teil möglich, die nur über den Grenzübergang in der Inselhauptstadt Nicosia erfolgen können.

Reisende erreichen Nordzypern nur über die Türkei (Flug über Istanbul oder auf dem Landweg mit Fährüberfahrt von der Türkei).

Größte Stadt der Insel ist Nicosia, die in den griechisch-zypriotischen Teil und den türkischen Teil (Lefkoša) getrennt ist. Größte Städte in Nordzypern sind Girne (Kyrenia) und Gazımağusa (Famagusta), die auch die Haupttouristenzentren darstellen.

Zypern lockt mit ewiger Sonne, Sandstränden und antiken Stätten – ein Urlaubsparadies. Auch der Norden der Insel hat all das zu bieten sowie urige Dörfer, bunte Städte mit türkischem Flair und eine Landschaft, die zum Wandern geradezu einlädt. Dazu kommen wenig verbaute Urlaubsorte, relativ niedrige Preise. Aber es gibt auch die Schattenseiten: das stets präsente türkische Militär, verlassene Hotelbauten, Geisterstädte, die stets an die Teilung der Insel erinnern. Man setzt auf Tourismus, doch vieles liegt noch brach, es fehlt das Geld, das Know-how. Aber vielleicht macht gerade das den Reiz des Nordens aus. Eines steht jedoch fest: Nordzypern ist ein lohnenswertes Reiseziel, vor allen Dingen für diejenigen, die mehr wollen als Sonne, Sand und Meer.

# Ärztliche Versorgung

In Nordzypern sprechen die meisten Ärzte englisch. Nur in besonders schweren Fällen ist ein Krankenrücktransport nach Hause nötig.

Da alle ärztlichen Leistungen bar bezahlt werden müssen, empfiehlt sich der Abschluß einer Reisekrankenversicherung. Die Rechnungen, die von den Ärzten oder Apothekern detailliert ausgefüllt werden müssen, kann man dann nach der Rückkehr ins Heimatland bei der Versicherung einreichen.

→*Apotheken, Notfall, Reiseapotheke, unter den Orten*


**Agia Irini** → *Güzelyurt*
**Agia Trias** → *Yeni Erenköy*

**Agios Ambrosios** → *Esentepe*
**Agios Epiktitos Vrysi** → *Çatalköy*

# Anreise

### Mit dem Auto / Motorrad
Es stehen im wesentlichen zwei Anreiserouten zur Auswahl. Route I führt
über München-Salzburg-Villach bzw. Klagenfurt-Ljubljana-Zagreb-Bel-
grad-Nis-Sofia-Edirne-Istanbul-Ankara-Tarsus nach Mersin oder Tašucu,
von wo die Fähren nach Gazimağusa bzw. Girne ablegen und stellt die
kürzeste Strecke dar (ca. 3800 km von München). Aufgrund der derzeiti-
gen politischen Situation im ehemaligen Jugoslawien ist diese Strecke
zur Zeit jedoch nicht zu bereisen. Route II führt über Wien-Ungarn-Rumä-
nien nach Bulgarien, von wo sie dann wieder mit der Route I gleich ist.
Allerdings soll es besonders in Rumänien oft zu Engpässen mit der
Benzinversorgung kommen, weshalb es empfehlenswert ist, sich vor
Reiseantritt beim ADAC über die aktuelle Situation zu erkundigen.
Für die Strecke sollte man eine Fahrzeit von 3 bis 4 Tagen einplanen, will
man nicht total erschöpft sein Ziel erreichen.
Eine weitere Möglichkeit ist eine Kombination aus Schiff und Straße,
wobei man mit der Fähre von Italien nach Izmir oder Antalya in der Türkei
fährt und den Rest der Strecke über Land zurücklegt (→ *Anreise/mit
dem Schiff*).
Für die Durchreise durch Bulgarien wird ein Transitvisum benötigt, welches man sich rechtzeitig in der Bundesrepublik Deutschland bei der
Bulgarischen Botschaft besorgen muß. An der Grenze werden keine Visa
ausgestellt. (In der Türkei kann man das Visum bei der Bulgarischen
Botschaft in Istanbul oder auch in Edirne erhalten.) Österreichische
Staatsbürger benötigen kein Visum für Bulgarien!
Die Strecke Edirne – Istanbul wird in Kürze auf einer neuen Autobahn
(mautpflichtig!) zu befahren sein, das gleiche gilt für den weiteren Verlauf
der Straße bis Ankara, wo schon längere Streckenabschnitte auf einer
mautpflichtigen Autobahn zurückgelegt werden können. Die weitere
Strecke bis Ulukışla (115 km vor Tarsus) ist verhältnismäßig gut ausge-

baut, danach folgt aber eine der gefährlichsten Streckenabschnitte der Türkei, der nur zum Teil zur Autobahn ausgebaut ist: die kilikische Pforte. Von Tarsus sind es noch 33 km bis Mersin, von wo die Fähren nach Gazimağusa (Famagusta) und 160 km bis Tašucu, von wo die Fähren nach Girne (Kyrenia) ablegen. → *Fährverbindungen.*
Wer in der Türkei Schwierigkeiten mit dem Auto hat, der kann sich an den türkischen Automobilclub wenden (Türkiye Turing ve Otomobil Kurumu). Hier werden – bei Vorlage der Rechnung der Reparaturwerkstatt – die Kreditbriefe des ADAC-Schutzbriefes eingelöst. Von den Werkstätten wird dieser nämlich nicht anerkannt.

**Mit der Bahn**
Eine sehr zeitaufwendige und auch teure Alternative ist die Anreise mit der Bahn. Selbst wenn man sämtliche Sonderangebote der Bahn wahrnimmt, ist die Reise immer noch teurer als die mit dem Flugzeug.

*Ideal zum Wandern: die einmalige Landschaft Nordzyperns*

**Mit dem Bus**
Ebenso wie die Anreise mit der Bahn ist die Anreise mit dem Bus eine
sehr zeitaufwendige Angelegenheit, die im Endeffekt teurer als die Flug-
reise werden kann.

**Mit dem Flugzeug**
Direkte Flugverbindungen nach Nordzypern (Flughafen Ercan) gibt es
nicht. Sämtliche Flugzeuge müssen in der Türkei zwischenlanden. Die
reine Flugzeit beträgt ca. 3 1/2 Stunden.
Linienflüge von Deutschland gibt es nur bis in die Türkei. Von dort kann
man entweder mit der Nordzypriotischen Fluglinie „Kuzey Kibris Türk
Hava Yolları" oder mit mehreren türkischen Fluglinien wie „TUR", „Istanbul Airlines" oder „Green Air" nach Nordzypern weiterfliegen. Abflughä-
fen von Deutschland in die Türkei sind Bremen, Düsseldorf, Frankfurt,
Hamburg, Köln und München. Von Turkish Airlines und Lufthansa wird
regelmäßig und mehrmals die Woche die Türkei angeflogen. Anschlußflü-
ge nach Nordzypern gibt es von Istanbul, Antalya, Ankara und Izmir.
Das ganze Jahr über werden von den unterschiedlichsten Reiseunter-
nehmen Charterflüge nach Nordzypern angeboten. Abflugmöglichkeiten
bestehen von fast allen deutschen Flughäfen. Die Preise beginnen bei
500 DM hin und zurück und reichen in der Hauptsaison (Mai – September) bis zu 800 DM. Da Charterflüge nur mit einem Unterkunftsnachweis
gültig sind, werden von den Veranstaltern meist auch Pauschalarrange-
ments, Flugpreise mit Hotelreservierung, angeboten ( → *Unterkunft)*.
Des weiteren empfiehlt es sich, auf den Ferienbeginn in den benachbar-
ten Bundesländern zu achten. Haben die Ferien dort noch nicht begonnen, kann man vom dort befindlichen Flughafen bedeutend günstiger
abfliegen. Die Bundesbahn bietet dafür besonders preiswerte Tickets
unter dem Namen „Fly and Ride" an.
**Mit dem Schiff**  → *Fährverbindungen*

**Antiphonitis-Kloster**  → *Esentepe*

# Apotheken

In allen größeren Orten findet man Apotheken (türk.: Eczane). Hauptsächlich werden Medikamente westlicher Pharmafirmen verkauft. Die meisten Medikamente, die im Durchschnitt um mehr als die Hälfte billiger als in der Bundesrepublik Deutschland sind, können ohne Rezept gekauft werden. Viele Frauen decken sich aus diesem Grund mit einer Jahresration ihrer Antibabypille ein, die durchschnittlich nur 30 % des europäischen Preises kostet.

In den Städten hat auch immer eine Apotheke Nachtdienst.

→ *Ärztliche Versorgung, Reiseapotheke*

**Auskunft** → *Touristeninformation unter den Orten*
**Ausrüstung** → *Kleidung, Verhalten*
**Ausweispapiere** → *Dokumente*
**Automobilclubs** → *Anreise*

# Autovermietung

Sehr niedrig sind die Preise für Leihwagen. Es gibt jedoch nur regionale Anbieter. Die Mietpreise unterscheiden sich kaum, sie liegen ab ca. 40 DM pro Tag inkl. Versicherung und unbegrenzten Kilometern. Die Adressen der neun Firmen finden Sie unter den Orten.

Die Farbe der Autokennzeichen von Leihwagen unterscheidet sich von den normalen Kennzeichen. Sie sind rot.

→ *unter den Orten*

**Barnabas-Kloster** → *Salamis*
**Bellapais** → *Beylerbeyi*

*Viele Orte erreicht man nur mit einem geländegängigen Auto*

# Benzin

Viele Tankstellen haben sonntags geschlossen. Fast an jeder Tankstelle findet man auch Superbenzin, das man dem Normalbenzin vorziehen sollte, da dieses nicht unbedingt dem westlichen Qualitätsstandard entspricht. Bleifreies Benzin wird – bislang – noch nicht angeboten.
An manchen Tankstellen wird der Treibstoff noch in Gallonen (4,5 Liter) abgegeben.
Auf der Straßenkarte „North Cyprus Tourist Map" sind sämtliche Tankstellen eingezeichnet.

# Beşparmak-Berg

Der 730 m hohe Felsgipfel Beşparmak, den man sehr gut von der Straße von Girne nach Gazımğusa sehen kann und der auch dem ganzen Gebirgszug seinen Namen gibt, ist mit zahlreichen Legenden verknüpft. Beşparmak ist türkisch und bedeutet „Fünf Finger", und wirklich hat der Gipfel die Form einer Faust oder eines Handabdruckes.

Eine der Sagen verbindet den Felsen mit dem legendären byzantinischen Helden Dighenis, der vom kleinasiatischen Festland nach Zypern sprang, um sich vor seinen arabischen Feinden in Sicherheit zu bringen. Beim Aufsprung stützte er sich auf den Felsen und hinterließ dabei den Abdruck seiner Hand.

Eine andere Legende erzählt von einer Königin, die einen Jüngling, der sich in sie verliebt hatte, loswerden wollte und ihn deshalb zum Wasserholen zur Quelle des Hl. Andreas schickte. Trotz der Gefahren, die dieses Unternehmen barg, kehrte der junge Mann unversehrt zurück. Die Königin weigerte sich dennoch, ihn zu ehelichen; da schüttete er das Wasser aus, nahm eine Hand voll Schlamm und warf diesen auf die Königin. Der Klumpen verfehlte sie und landete dort, wo heute der Felsen steht.

# Bevölkerung

Von den 700 000 Menschen, die auf der Insel leben, wohnen etwa 165 000 in der Türkischen Republik Nordzypern. Dazu kommen noch Truppen der türkischen Regierung – sie werden auf etwa 30 000 Mann geschätzt. Während die Bevölkerungsdichte in der Republik Zypern ca. 86 Einw./qkm beträgt, liegt sie in Nordzypern bei ca. 44 Einw./qkm. Seit der Teilung der Insel 1974 leben in Nordzypern bis auf etwa 700 Griechen und 300 maronitische Christen in der Umgebung von Dipkarpaz am Nordzipfel der Insel (sie werden von österreichischen UN-Soldaten versorgt) hauptsächlich turkstämmige Zyprioten. Ihre Vorfahren wurden im Zuge der osmanischen Eroberung der Insel 1571 vom türkischen Festland angesiedelt. Nach 1974 kam es abermals zu einer Umsiedlung von 30-40 000 Festlandtürken und Kurden in den Nordteil der Insel.

# Beylerbeyi (Bellapais)

Das Dorf Beylerbeyi befindet sich etwa 10 km südöstlich von Girne, an einem Abhang des Beşparmak-Gebirges. Berühmt wurde es durch seine Klosterruine und den britischen Schriftsteller Lawrence Durell, der seinen Roman „Bittere Lemonen" in Beylerbeyi schrieb. Das Haus, in dem er damals wohnte, wird gerne noch gezeigt. Vor 1974 lebten im Dorf nahezu ausschließlich griechische Zyprioten, von denen keiner blieb. Es kamen türkische Zyprioten aus dem Dorf Mari östlich von Limassol. Viele der Häuser sind von Engländern und Deutschen bewohnt, die die Häuser gepachtet haben und als Altersruhesitz nutzen.

## Beylerbeyi / Sehenswürdigkeiten

Im Ort befinden sich die Ruinen der Abtei Bellapais. Das Prämonstratenserkloster, ein einmaliges Zeugnis levantinischer Gotik, ist durch seine Lage und Architektur eines der schönsten Baudenkmäler Zyperns. Der Name Bellapais entstand aus dem griechischen Wort „episkopia" (Bischofssitz), aus dem die Franken „Lapais" machten. Daraus wurde „Abbaye de la Paix" (Abtei des Friedens), und schließlich wurden Kloster und Ort Bellapais genannt. Der Orden der Prämonstratenser wurde vom Hl. Norbert, einem ehemaligen Xantener Kanonikus, mit der Absicht gegründet, den Augustinerorden zu reformieren. Das Ordensgelübde der Prämonstratenser lehnte sich zwar an die Ordensregeln der Augustiner an, sah aber Verschärfungen vor, so zum Beispiel ein totales Verbot des Verzehrs von Fleisch, häufigeres Fasten sowie schwere Strafen, die bei gewissen Sünden bis zu lebenslanger Einkerkerung reichen konnten. Das Ansehen des Ordens, der in seiner Blütezeit über mehr als 1000 Klöster und Prioreien in Frankreich, England und Deutschland besaß, war derart groß, daß zahlreiche Söhne aus vornehmen Adelshäusern um Aufnahme suchten. Obwohl der Orden der Prämonstratenser – neben den Karmelitern – der erste im Orient wirkende Orden war, ist von seiner Geschichte in diesem Teil der Welt nur wenig bekannt. Als im Jahr 1131 König Fulco von Jerusalem den Zisterziensern eine reich dotierte Klosterstiftung anbot, verwiesen diese auf den befreundeten Orden der Prämonstratenser, die daraufhin das Kloster an der Heerstraße von Jaffa nach Jerusalem bezogen. Als Saladin 1187 große Teile Nordsyriens eroberte, wurde dieses Kloster zerstört, und die Mönche flüchteten zusammen mit Augustinermönchen nach Zypern, wo sie die Abtei von Bellapais gründeten. Der Baubeginn des Klosters fällt in die Zeit von König Hugo III. (1267-1284), der die finanziellen Mittel bereitstellte und dem Abt das Privileg verlieh, während der Messe die bischöfliche Mitra und außerhalb des Klosters zu Pferde ein goldenes Schwert und goldene Sporen zu tragen. Während der Herrschaft von König Hugo IV. (1324-1359) revoltierten die Mönche nicht nur gegen den Erzbischof von Nikosia, sondern auch gegen den eigenen Abt. Die Sitten im Kloster verfielen immer mehr; in einem venezianischen Bericht aus dem 16. Jahrhundert ist herauszulesen, daß manche Mönche bis zu drei Frauen unterhielten. Zu einer Klosterreform kam es aber nicht mehr – die Türken eroberten 1571 die Insel.

Die Klosteranlage bestand aus einem zentralen Kreuzgang, um den sich die Klostergebäude gruppierten. An der Nordseite des Kreuzganges lag die Klosterkirche, an die sich eine Sakristei anschloß. An der Ostseite des Kreuzganges befanden sich der Kapitel- und Gemeinschaftssaal, darüber das Dormitorium, der Schlafsaal der Mönche. Das Refektorium, der Speisesaal der Klosterinsassen, befand sich in dem der Kirche gegenüberliegenden Klosterflügel. Den westlichen Bereich vor dem Kreuzgang nahm der Küchenhof ein. Das Haus des Abtes lag außerhalb des Klosters, vermutlich in der Nähe des Ostflügels. Die Klosteranlage war wie die Klöster der Benediktiner und Zisterzienser mit Mauern und Toren befestigt.

# Beylerbeyi / **Praktische Informationen**

**Essen und Trinken:** Ein „Muß" unter Eingeweihten ist das Restaurant „Abbey House", das nur abends ab 20 Uhr geöffnet ist und sich in unmittelbarer Nachbarschaft zur alten Abtei befindet.

Sehr gute Küche – viele Fischgerichte und Meeresfrüchte, aber auch Grillspezialitäten bekommt am im „Kybele Restaurant", das innerhalb der Bastei liegt und von dessen Terrasse man einen phantastischen Ausblick auf die Stadt Girne und die umliegende Küste hat.

**Unterkunft**

Oberhalb des Ortes befindet sich die Bungalow-Siedlung „Ambelia Village", Tel. 5 21 75, mit 2-Bett Studioappartements (1 Woche 130 brit. Pfund) und Villen mit 3 Schlafzimmern und 6 Betten (1 Woche 220 brit. Pfund). Die Anlage besitzt einen Swimmingpool und ein Restaurant.

Im Ort, auf einem Abhang mit Blick auf die Küste, liegt das Ferienhaus „Gardens of Irini", das von einer Amerikanerin geführt wird. Es stehen drei verschiedene Wohnungen mit Küche zur Verfügung, die beiden Studios für 2 Personen kosten pro Woche ab ca. 500 DM, das Studio für 4 Peronen kostet ab ca. 600 DM pro Woche. Adresse: Gardens of Irini, P.O. Box 236, Girne, Mersin 10, Türkei. Tel. 0 81-5 28 20.

Des weiteren gibt es noch einige andere Privatunterkünfte.

Buchungen → *Unterkunft*

**Verkehrsverbindungen**

Außer einem Dorfminibus, der am Morgen nach Girne und am späten Nachmittag wieder ins Dorf fährt, gibt es keine öffentlichen Verkehrsmittel.

# Boğaz

Etwa 15 km nordöstlich von → *Salamis* liegt der kleine Fischerort Boğaz, der vor allem wegen seiner Fischrestaurants berühmt ist. Der winzige Sandstrand an der Uferstraße gehört zum gleichnamigen Hotel.

**Essen und Trinken:** Sehr gut ist das Restaurant „Kocatepe", Tel 73 12-6 20.

**Unterkunft**

Durch die Straße vom Strand getrennt steht das 3-Sterne „Hotel Boğaz", Tel. 0 37-1 25 59. Übernachtung mit Frühstück im EZ ab ca. 60 DM, im DZ ab ca. 80 DM. Das gleiche bezahlt man in dem auf einer Anhöhe über dem Dorf liegenden, architektonisch einer alten Kerwansaray nachempfundenen „Hotel View", Tel. 0 37-1 26 51.

Am westlichen Ortsrand befindet sich ein kleiner Campingplatz.

*Der Fischerort Boğaz ist berühmt für seine guten Fischrestaurants*

4 Kilometer westlich von Boğaz befindet sich die im Frühjahr 1990 eröff-
nete Bungalowsiedlung „Cyprus Gardens", Tel. 0 37-1 55 52. In dieser
3-Sterne-Anlage, die nur über 68 Betten verfügt, kostet die Übernachtung mit Frühstück im EZ ab ca. 70 DM, im DZ 90 DM.

# Boltaşlı (Lythrankomi)

In Boltaşlı, einer kleinen Ortschaft auf der Karpas-Halbinsel, an der Orts-
ausfahrt nach Derince, steht die Kirche *Panagia Kanakaria*. Die um 1160
erbaute Kirche wurde an Stelle zweier Vorläuferbauten errichtet. Die
erste Kirche, die um das Jahr 500 gebaut worden war, war eine dreischiffige Säulenbasilika mit Narthex und Apsis. Sie wurde um das Jahr 700
von den Arabern zerstört und als Säulenbasilika wieder aufgebaut. Nach
einem schweren Erdbeben um 1160 wurde die Kirche als Mehrkuppelkir-
che errichtet. Im 15. Jahrhundert wurde das südliche Seitenschiff umgebaut. Die Kirche war Bestandteil eines Klosters, von dem noch der westli-
che Trakt erhalten ist. Im Untergeschoß dieses zweigeschossigen Klo-
stertrakts befinden sich Stallungen und Lagerräume. Eine Treppe führt
ins Obergeschoß. Von der frühchristlichen Basilika ist nur noch die Apsis
erhalten. Im Südportal ist noch ein Fresko aus dem 16. Jahrhundert zu
sehen. Wichtigstes kunsthistorisches Dokument in dieser Kirche waren
die Mosaike in der Apsiswölbung, die aus dem zweiten Viertel des 6.
Jahrhunderts stammten. Sie wurden nach 1974 von Kunsträubern abgetragen.
In unmittelbarer Nähe der Kirche findet man Reste der frühbyzantinischen Basilika, einer Mühle und einer größeren spätrömisch-byzantini-
schen Stadt.

# Botschaften und Konsulate

Da die Türkische Republik Nordzypern außer von der Türkei von keinem
Land der Welt anerkannt wird, gibt es hier auch keine diplomatischen Ver-
tretungen.

Allerdings gibt es eine Dienststelle der deutschen Botschaft in → Lefkoşa in der Kasim Street 15, Tel. 7 51 61. Sie ist nur montags bis freitags von 9-13 Uhr besetzt.

# Buffavento

Die auf 954 m Höhe gelegene, von den Byzantinern erbaute Burg Buffavento ist die am schlechtesten erhaltene Festung der mittelalterlichen Burgenkette in den Bešparmak-Bergen, aber auch die geheimnisvollste. Sie hatte Signalverbindungen mit St. Hilarion und Kantara. Die Festung besteht aus einer Unterburg, von der vor allem die massive Stützmauer des Torbaus erhalten ist, und einer etwa 25 m höher gelegenen Oberburg, deren Bauten fast ganz zerfallen sind. Von ihrer höchsten Stelle kann man die Nordküste und die Mesaoria überblicken. Von ihren Ursprüngen weiß man fast gar nichts, erstmals erwähnt wird die Burg im Zusammenhang mit der Eroberung Zyperns durch Richard Löwenherz. Zur Zeit der Lusignans hatte die Burg die Funktion einer Fluchtburg. Unter den Venezianern, die sich auf den Ausbau von Kyrenia, Nikosia und Famagusta zu Artilleriefestungen konzentrierten, wurde die Burg geschliffen.

Man erreicht die Burg, wenn man von der Straße, die von Girne nach Gazimağusa führt, auf der Paßhöhe über die Bešparmak-Berge in westlicher Richtung abzweigt. Der Weg ist nur mit einem geländegängigen Fahrzeug befahrbar.

Eine andere Straße führt über die Ortschaft Güngör und das → *Chrysostomos-Kloster;* sie verläuft aber durch ein militärisches Übungsgebiet und ist nur mit Sondergenehmigung zu befahren. Von → *Beylerbeyi* führt eine Wanderung zur Burg; man sollte einen vollen Tag dafür einplanen. → *Değirmenlik*

**Çamlıbel**  → *Güzelyurt*

# Çatalköy (griech. Agios Epiktitos)

Das kleine Dorf Çatalköy liegt etwa 8 km östlich von Girne auf einem Abhang des Beşparmak-Gebirges. Im Zuge des Bevölkerungsaustausches 1974 wurden dort überwiegend Türken aus der Gegend von Limassol angesiedelt.

## Çatalköy / Praktische Informationen

**Baden:** Wenn man von Girne kommt, zweigt kurz vor dem Restaurant Lemontree ein Feldweg nach links zum „Diana Plajı" ab. Ein verwittertes Schild markiert die Abzweigung. Nach etwa 500 m erreicht man eine kleine Bucht mit Sandstrand.

Wesentlich schöner ist da der „Lara Plajı". Er liegt etwa 8 km östlich von Çatalköy. Man muß der Straße zum Club Accapulco folgen, die etwa 5 km nach Çatalköy von der Hauptstraße nach Gazimağusa links abzweigt. Kurz hinter der Clubanlage erreicht man über eine Schotterstraße (die alte Küstenstraße) den etwa 600 m langen Sandstrand, an dem ein Restaurant steht. Die Benutzung des Strandes, der Umkleidekabinen und Duschen ist kostenpflichtig.

Wer am Strand sein Zelt aufstellen will, bezahlt ca. 5 DM.

**Essen und Trinken:** Bei Çatalköy gibt es zwei hervorragende Fischrestaurants. An der Straße Girne – Gazimağusa, kurz vor der Abzweigung ins Dorf, befindet sich das Restaurant „Lemontree", Tel. 40 45. Es ist berühmt für seine reichhaltigen Mezeler. Auf der Terrasse kann man seinen Fisch im Schatten von Zitronenbäumen genießen. Ebenfalls sehr gut ist „Zia's Restaurant, Tel. 5 29 27, an der Straße, die ins Dorf führt.

Man sollte auf keinen Fall den Besuch des Dorfkaffeehauses von Çatalköy versäumen. Ein Festlandtürke wollte dort eine Bar eröffnen – er rechnete mit Gästen aus dem nahen Club Olivtree. Nachdem diese Rechnung aber nicht aufging, mußte er die Räumlichkeiten, die er schon entsprechend bemalt hatte, wieder verkaufen, und die Lokalität wurde wieder ihrem alten Zweck zugeführt. Diese Mischung aus Bar und Kaffeehaus, in der die alten Männer beim Kartenspiel sitzen, macht den Reiz dieses wohl ungewöhnlichsten Dorfkaffeehauses der Insel aus.

**Unterkunft:** Oberhalb des Dorfes befindet sich die wohl schönste Bungalowanlage Nordzyperns, wenn nicht gar der ganzen Insel. Der 5-Sterne
„Club Olivtree" besteht nur aus 65 Wohneinheiten mit 152 Betten, die um
einen blühenden Garten, in dem ein Swimmingpool liegt, herumgebaut
sind. EZ mit Frühstück ab ca. 110 DM, DZ mit Frühstück ab ca. 130
DM.
Etwas weiter entfernt, am Strand, liegt die 3-Sterne-Anlage „Club Accapulco" mit 322 Betten. EZ mit Frühstück ab ca. 70 DM, DZ mit Frühstück
ab ca. 100 DM.
Am Lara plajı gibt es auch ein kleines sauberes Hotel, in dem die Übernachtung mit Frühstück im DZ (Einzelbetten oder französisches Bett) ab
ca. 60 DM, im EZ ab ca. 40 DM kostet.

# Çatalköy / **Umgebung**

Ganz nahe an der Abzweigung von der Hauptstraße ins Dorf weist ein
Schild auf die am Meer liegende **Hazreti Ömer Tekke** hin, einen für die
islamische Bevölkerung wichtigen Schrein und Wallfahrtsort. Während
der arabischen Angriffe im 7. Jahrhundert soll ein Offizier der Armee
Muawiya's zusammen mit sechs seiner Leute ums Leben gekommen
und in einer Höhle begraben worden sein. Nach der osmanischen Eroberung der Insel wurden die Toten, die als Märtyrer des Islam gelten,
exhumiert und neu bestattet. Über ihren Gräbern wurde eine Moschee
errichtet.
Von der Straße, die die Dörfer Çatalköy und Ozanköy verbindet, zweigt
an einem freistehenden Haus ein Pfad Richtung Berge ab. Er führt zur
**Nekropole von Vounos,** die in der frühen Bronzezeit angelegt wurde.
Die Toten wurden in den bis zu 2 m hohen und 6 m breiten Grabkammern
in Hockstellung begraben. In den Gräbern wurden viele frühbronzezeitli-
che Vasen und Figuren gefunden, die im Zypern-Museum (griechischer
Teil) ausgestellt sind. Berühmt ist die Schale mit der Kulthandlung, bei der
von außen jemand heimlich über den Gefäßrand hineinschaut. Außerdem
fand man eine Menge von Terrakottamodellen, die Kulthandlungen, aber
auch Szenen aus dem alltäglichen Leben abbilden.

Auf dem Gelände der Bungalowanlage Accapulco wurde im Jahre 1969 eine **neolithische Siedlung** aus der Zeit zwischen 4000 und 3000 vor Chr. freigelegt. Diese Siedlung besteht aus einem Komplex von Rundhäusern, die durch kleine Passagen miteinander verbunden sind. Die bis zu 60 cm starken Mauern waren innen verputzt. Die Ausgraber fanden Äxte, Meißel, Messer und Nadeln aus Stein und Knochen sowie Keramik. In den Wohnräumen befanden sich Plattformen, die als Feuerstellen dienten, daneben ein Podium, das als Schlafstelle benutzt worden war. Der Fußbodenbelag, von dem noch Reste erhalten sind, war grün und rot bemalt. Außerdem fand man Reste von Skeletten, die in den Häusern beigesetzt worden waren. Aufgrund von Knochenfunden zwischen den Häusern konnte man darauf schließen, daß die frühen Bewohner der Siedlung Schweine, Ziegen, Schafe und Katzen hielten.

**Chrysostomos-Kloster** → *Değirmenlik*

# Değirmenlik (Kythräa)

Etwa 15 km nördlich von Lefkoşa am Fuß des Beşparmak-Gebirges liegt die Ortschaft Değirmenlik. Die äußerst fruchtbare Region wird von einer Quelle gespeist, die bis ins 19. Jahrhundert 35 Mühlen antrieb. Değirmen bedeutet türkisch Mühle. Aber auch für sein Gemüse war die Gegend bekannt; schon Anfang des 17. Jahrhunderts exportierte man von hier Broccoli nach Europa.

Die Siedlungsgeschichte der Region reicht bis ins Neolithikum zurück, was der Legende widerspricht, nach der das antike Chytri eine Gründung von Chytros, dem Sohn von Akamas *(Soli)* sei. Trotz der stetigen Besiedlung dieser wasserreichen Gegend wurde bisher nur eine bronzezeitliche Nekropole gefunden. Nordöstlich des Ortes entdeckte man eine Akropolis und ein Aphroditeheiligtum.

Chytri war während der archaischen Zeit (750–475 vor Chr.) eines der

Stadtkönigtümer der Insel, die das Recht eigener Münzprägung ausübten.

Zu den bedeutendsten Leistungen der Römer gehört eine über 60 km lange Wasserleitung, die von hier Wasser nach → *Salamis* brachte. Beim Dorf Yeniboğazı sind noch Reste des Aquäduktes zu sehen. Hier fand man auch die monumentale Bronzestatue des römischen Kaisers Septimius Severus, die heute im Zypernmuseum steht.

Im Jahre 800 wird die Stadt, die Bischofssitz war, von den Arabern zerstört.


## Değirmenlik / **Umgebung**

Das 1090 gegründete und dem Kirchenvater **Chrysostomos** geweihte gleichnamige **Kloster** befindet sich ein paar Kilometer westlich von Değirmenlik an der Straße, die von der Ortschaft Güngör zur Burgruine → *Buffavento* führt. Die weithin sichtbare Klosteranlage gehörte dem Patriarchat von Jerusalem. Die ältere der beiden nebeneinanderliegenden Kirchen stammt aus dem 11. Jahrhundert und gehörte dem 8-Stützentypus an. Nachdem sie Anfang des 19. Jahrhunderts einstürzte, wurde sie durch eine kleinere, unscheinbare Kirche ersetzt. Die benachbarte einschiffige Kuppelkirche Agia Trias wurde von dem byzantinischen Gouverneur Eumathios errichtet und beherbergt Fresken aus dem 12. Jahrhundert. Da die Klosteranlage in einem militärischen Übungsgebiet liegt, muß man sich zur Besichtigung einen Passierschein ausstellen lassen, den man in Lefkoša beim Ministerium für Tourismus erhält.


# **Dipkarpaz** (Rizokarpaso)

Die Kleinstadt Dipkarpaz ist der östlichste Ort der Insel und besteht aus mehreren Dörfern. Hier befindet sich die größte griechische Gemeinde Nordzyperns; vom Festland wurden 1975 viele Türken angesiedelt, überwiegend Kurden aus dem Osten der Türkei. Vor nicht allzu langer Zeit war Dipkarpaz Zentrum der zypriotischen Seidenproduktion, worauf auch die vielen Maulbeerbäume in der Umgebung hinweisen. Die Blätter dieser Bäume dienten zur Fütterung der Seidenraupen. In der aus dem 18. Jahrhundert stammenden byzantinischen Zweikuppelkirche Agios Synesios im Ortszentrum werden noch Messen abgehalten.

## Dipkarpaz / **Geschichte**

Der Ort wurde in byzantinischer Zeit aus den Ruinen der nördlich am Meer gelegenen antiken Stadt Carpasia ( → *Umgebung)* gebaut. Zur Zeit der Lusignans waren der Ort und die Umgebung im Besitz von adeligen Familien, bis eine päpstliche Bulle im Jahr 1222 die orthodoxe Kirche Zyperns zwang, die Zahl ihrer Bischöfe auf vier zu reduzieren und deren Sitz aufs Land zu verlegen. So kam es, daß Dipkarpaz zum Sitz des Bischofs von Famagusta wurde.

## Dipkarpaz / **Praktische Informationen**

**Baden:** → *Umgebung*
**Unterkunft**
Außerhalb des Ortes an der Straße nach Carpasia, umgeben von Feldern, befindet sich die „Orhan Pansiyon". Eigentlich handelt es sich um zwei Ferienwohnungen mit Küche für Selbstversorger, die Ausstattung ist spartanisch, pro Person verlangt der Besitzer ca. 10 DM. Informationen erhält man im Dipkarpaz-Restaurant im Ort.
An der Straße zur Spitze der Halbinsel befindet sich etwa 4 km von Dipkarpaz entfernt an einem kleinen Fischerhafen das „Hotel Blue Sea". Pro Zimmer bezahlt man ab ca. 30 DM; Etagendusche. Die Küche im angeschlossenen Restaurant ist übrigens sehr gut. Man sollte unbedingt die Spezialität des Hauses, „Fırın Kebab", probieren. Das ist in Alufolie eingewickeltes Fleisch (Lamm, Fisch, Huhn), das im Backofen gegart wurde.

## Dipkarpaz / **Umgebung**

Wenn man im Ortszentrum nicht an der Abzweigung zum Andreas-Kloster abbiegt, sondern geradeaus weiterfährt und sich dann links hält,

*In Dipkarpaz befindet sich die größte griechische Gemeinde Nord-zyperns*

erreicht man nach etwa 3 km die antike Hafenstadt **Carpasia.** Die Stadt wird erstmals erwähnt, als sie Jahr 306 v. Chr. von Demitrios Poliorketes erobert wurde, der von hier über Land nach Salamis zog. 382 wurde Carpasia Bischofssitz. Um den ersten Bischof von Carpasia rankt sich eine Legende, wonach Pulcharia, die Schwester von Kaiser Arkadius, schwer erkrankt war. Sie schickte den römischen Diakon Philon zu Epi-phanes, den Bischof von Salamis, der für seine Heilkünste im ganzen römischen Reich bekannt war. Bevor dieser jedoch nach Rom ging, weihte er den Boten Philos noch schnell zum Bischof von Carpasia. Nachdem die Stadt 802 von arabischen Seeräubern völlig zerstört wor-den war, wurde sie von den Bewohnern aufgegeben. Außer den Resten von Mauern, der Hafenanlage und einigen Felsengräbern aus hellenisti-scher und römischer Zeit westlich der Ruinen ist nur noch die *Basilika Agios Philon* erhalten. Diese im 9./10. Jahrhundert auf den Fundamenten einer Kirche aus dem 5. Jahrhundert errichtete Basilika ist in ihren archi-tektonischen Details einzigartig auf Zypern. Im Osten der dreischiffigen

Säulenbasilika mit Paraekklesion waren ein Narthex und ein Peristyl vorgelagert. Im Südosten der Basilika befand sich ein Baptisterium, das einen wunderschönen Mosaikboden aus weißem Marmor, rotem Terrakotta und grauem Stein besitzt.

Wenn man ca. 30 m vor der Basilika, von Dipkarpaz kommend, den Feldweg nach links abbiegt, erreicht man nach ungefähr 400 m eine große Bucht mit schönem Sandstrand.

Wendet man sich jedoch in Richtung Osten, erreicht man nach einigen Autominuten die antike Hafenstadt **Aphendrike.** Wahrscheinlich war sie eine der sechs Städte, von denen Strabo berichtete. Heute sieht man nur noch die Reste der Kreuzkuppelkirche Agios Georgios aus dem 10. Jahrhundert und die zweier Basiliken aus dem 6. Jahrhundert. Die beiden Basiliken Asomatos und Panagia, die als flachgedeckte Bauten errichtet worden waren, wurden von den Arabern im 7. Jahrhundert zerstört und Ende des 10. Jahrhunderts wieder aufgebaut.

Wenn man von Dipkarpaz der Hauptstraße in Richtung Westen folgt, kommt man nach ca. 4 km an einen wunderschönen Sandstrand. Man erreicht ihn mit dem Auto, wenn man schon etwas früher am Picknickplatz, der in einem Wäldchen liegt, dem Feldweg zum Meer folgt.

Das **Kloster Apostolos Andreas** erreicht man, wenn man im Ortszentrum von Dipkarpaz rechts abbiegt und den Hinweisschildern „Zafer Burnu Manastırı" folgt. Die Straße, die an der Südküste entlangführt, erreicht nach einigen Kilometern einen atemberaubend schönen Sandstrand mit Dünen ( → *Strände). Kurz darauf kommt man zum Kloster, das bis 1974 einer der bedeutendsten Wallfahrtsorte der Insel war. Heute sind es nur noch die auf der Karpas-Halbinsel lebenden Griechen, die sich jedes Jahr am 30. November zum Todestag des Heiligen Andreas zu einer Messe versammeln. Sie bringen Kerzen, oder wenn um eine Heilung gebeten wird, Wachsbildnisse der Kranken mit. Andere schöpfen Wasser aus der Quelle, die angeblich vom Hl. Andreas geschaffen worden sind und über Heilkräfte verfügen soll.

Die Legende, die im Mittelalter entstanden ist, erzählt, daß der Hl. Andreas auf einer Reise von Palästina den einäugigen Kapitän seines Schiffes zum Wasserholen an Land schickte, obwohl die Gegend offensichtlich sehr trocken war. Der Heilige schlug jedoch mit seinem Stock auf die Erde, und plötzlich sprudelte eine Quelle aus dem staubigen Boden. Das Wasser löschte nicht nur den Durst, sondern heilte auch den Kapitän von seiner Blindheit. Angesichts dieses Wunders ließen sich die Seeleute taufen, und der Kapitän errichtete an der Stelle, an der heute das Kloster steht, einen Schrein.

Das Kloster ist neueren Datums, es stammt aus dem 19. und 20. Jahrhundert. Nur die kleine gotische Kapelle am Meer, die in den Bau integriert wurde, stammt aus dem 15. Jahrhundert.

Fünf Kilometer hinter dem Kloster erreicht man die Spitze der Halbinsel, an deren nördlicher Seite schöne Sandstrände liegen. Allerdings darf man dort nicht übernachten. Um dorthin zu kommen, muß man sich beim Polizisten, der am Kloster sitzt, melden. Dieser notiert aber nur das Autokennzeichen. Von dem Tempel der Aphrodite Akraia, der sich dort in der Antike befand, sind nur noch einige Steine zu sehen. Auf den vorgelagerten Felseninseln fand man Reste einer Siedlung aus dem präkeramischen Neolithikum.

An der Inselspitze soll König Richard Löwenherz den damaligen Kaiser von Zypern, Isaak Komnenos, im Jahr 1191 gefangengenommen haben.


# Dokumente

Zur Einreise nach Nordzypern benötigen Reisende aus der Bundesrepublik Deutschland, den Niederlanden, der Schweiz und Österreich einen gültigen Reisepaß. Dieser berechtigt zu einem Aufenthalt bis zu drei Monaten. Will man länger bleiben, ist der einfachste und unkomplizierteste Weg, einfach für einen Tag in die Türkei zu fahren.

Bei der Einreise mit dem eigenen Auto ist neben Kraftfahrzeugschein und Führerschein (ein Internationaler Führerschein ist nicht notwendig) die Grüne Versicherungskarte, auf der auch die Türkei aufgeführt sein muß, mitzuführen. Außerdem sollten alle Länder eingetragen sein, die man auf dem Weg in die Türkei durchfährt. Ist das Fahrzeug nicht auf den Fahrer zugelassen, so ist es ratsam, sich eine Verfügungskarte des Besitzers mitgeben zu lassen. Entsprechende Vordrucke erhält man beim ADAC. Hat man die Grüne Versicherungskarte vergessen, kann man an der Grenze beim Büro der Doğan Sigorta eine kurzfristige Versicherung abschließen. Alle, die innerhalb eines Jahres mehrmals in die Türkei reisen oder länger als drei Monate zu bleiben gedenken, müssen sich ein Carnet de Passages, auch Triptik genannt, besorgen. Entsprechende Unterlagen dafür erhält man beim ADAC.

# Duty Free

(Duty Free – zollfreier bzw. steuerfreier Einkauf). Wer mit dem Flugzeug nach Nordzypern reist, findet diese Läden schon am Abflughafen. Auch im Flugzeug bekommt man die Möglichkeit zum günstigen Einkauf. Man sollte aber darauf verzichten, denn die Preise liegen zum Teil bedeutend über denen der zypriotischen Duty Free Shops.
Einkaufsmöglichkeiten bestehen sowohl bei der Ein- als auch bei der Ausreise!
Achtung: Einkauf in Landeswährung ist nicht möglich, Euroschecks oder Kreditkarten werden nicht in jedem Laden akzeptiert.

# Einkaufen

Die Geschäfte Nordzyperns sind reichhaltig bestückt mit allem, was man zum täglichen Leben benötigt – es braucht also niemand zu verzweifeln, der zu Hause etwas vergessen hat.
In den Supermärkten, die man in jeder größeren Stadt findet, gibt es eine große Auswahl an ausländischen – vor allem aus England importierten – Waren. Alle Grundnahrungsmittel findet man in den größeren Lebensmittelgeschäften oder Supermärkten. Auch der Kauf von Fleisch stellt kein Problem dar.
Sehr günstig sind all die Dinge, die für die Bevölkerung meist alltägliche Gebrauchsartikel darstellen. Besonders beliebte Kaufgegenstände sind

Kupfer-, Messing- und Zinngefäße sowie Wolle und Stoffe, Lederwaren und vor allem Textilien und Schuhe. Aber auch Seide kann man preiswert erstehen. Ein reichhaltiges Angebot gibt es an Mohair-Waren.
→ *Gold, Handeln*

# Elektrizität

Die Stromspannung beträgt 220-240 Volt. Allerdings sind die Steckdosen meist dreipolig, aber man bekommt in den größeren Hotels problemlos Adapter. Ansonsten kann man sie für wenig Geld in den meisten Elektrogeschäften kaufen. Hotelzimmer sind meist mit einem 110 Volt Stecker für Rasierapparate ausgerüstet.
In den Sommermonaten kann es wegen Überlastung des Netzes öfter zu Stromausfällen kommen. Es ist daher ratsam, eine Taschenlampe mitzunehmen.

**Enkomi** → *Salamis*

# Esentepe (griech. Agios Ambrosios)

Der kleine Ort Esentepe an der Nordküste der Insel liegt ca. 45 km östlich von Girne auf einem Hügel ca. 2 km landeinwärts. Vor 1974 lebten dort nur griechische Zyprioten, die heutigen Bewohner kamen im Rahmen des Bevölkerungsaustausches aus einem Dorf im Troodosgebirge, das den Namen Esentepe trug. Außer ihren Erinnerungen an die alte Heimat brachten sie auch den Namen ihres Dorfes mit.
Der Ort war damals viel größer, sehenswert sind die schöne Kirche, die zur Moschee umgewandelt worden ist, und die alten griechischen Häuser, die zum Teil verfallen, aber noch wunderschöne Fassaden haben.
Im Ort gibt es mehrere Kneipen und eine Tankstelle, die allerdings nur abends zwischen 18 und 19 Uhr geöffnet hat.

# Esentepe / **Praktische Informationen**

**Baden**
Unterhalb des Ortes befindet sich ein langgezogener Kiesstreifen, der
allerdings oft mit allerlei Unrat und Plastikresten verschmutzt ist.
→ *Strände*

**Verkehrsverbindungen**
Mit öffentlichen Verkehrsmitteln ist der Ort nur schwer zu erreichen. Früh
am Morgen verlassen zwei Busse den Ort in Richtung Girne und Lefkoša,
von wo sie am Nachmittag wieder ins Dorf zurückfahren.

# Esentepe / **Umgebung**

Wenn man von Esentepe Richtung Alevkaya (ausgeschildert auch Lefkoša) fährt, biegt man direkt nach dem Ortsende-Schild nach links auf die
Forststraße ab. Nach etwa 5 km erreicht man eine Kreuzung – nach
rechts geht ein Forstweg nach Alefkaya, weiter geradeaus kommt man
zum Dorf Bahçeli, und nach links führt ein steiniger Weg, der allerdings
nur mit einem geländegängigen Fahrzeug zu bewältigen ist, zum **Kloster
Christus Antiphonitis.** Die idyllische Lage in einem sich zum Meer hin
öffnenden, bewaldeten Tal, die wunderschöne Architektur und die herrli-
chen Fresken machen eine Besichtigung zum Erlebnis. Leider wurde ein
Teil der Fresken von Kunsträubern abgetragen.
Die Kirche stammt aus dem 12. Jahrhundert aus dem 15. Jahrhundert
stammen die Vorhalle mit dem Tonnengewölbe und die Arkaden der
südlichen Loggia. Die Klosterkirche ist das auf Zypern einzig erhaltene
Beispiel einer byzantinischen Kuppelkirche vom 8-Stützentypus. Acht
Rundpfeiler, die ein unregelmäßiges Oktogon bilden, tragen die Kuppel
des einschiffigen Gebäudes.
Die ältesten Fresken entstanden im 12. Jahrhundert und befinden sich im
Altarraum, den zwei freistehende Pfeiler vom übrigen Kirchenraum ab-
trennen.
Bei der Forststation Alefkaya, am Paß über das Beşparmak-Gebirge
nach → Değirmenlik, befindet sich das dem Eremiten Makarios (309-404)
geweihte armenische **Kloster Sourp Magar.** Ursprünglich war die Anlage
im Besitz koptischer Christen, 1425 ging sie in armenischen Besitz über.

Die ursprüngliche Kirche wurde wahrscheinlich durch ein Erdbeben zerstört und Anfang des 19. Jahrhunderts durch einen Neubau ersetzt. Aus der selben Zeit stammt auch die Klosteranlage, die heute weitgehend zerstört ist. Am Fest des Heiligen ist das Kloster ein beliebtes Pilgerziel.

# Essen und Trinken

## Speisen

Nordzypern kann ein Paradies sein für alle, die gerne lang und ausgiebig speisen. Das Zauberwort heißt „Meze". Das ist kein bestimmtes Gericht, sondern die Folge von 10-30 verschiedenen Appetithäppchen (meze = türk. Imbiß). Diese auf kleinen Tellern servierten Gerichte, die meist kalt gegessen werden, sind oft so reich portioniert, daß sich die Bestellung weiterer Gerichte erübrigt.

Dazu gehören:

Saalata – Salate

Hellim – gebratener oder gegrillter Ziegenkäse

Humus – Kichererbsenpüree mit Petersilie und Olivenöl

Tachin – Sesamsauce

Patlican salatası – Auberginenpüree

Zeytinyağlı fasulye – weiße Bohnen in Olivenöl und Tomatensauce

Patlican kızarması – fritierte Auberginen in Joghurt

Beyaz peynir – Schafskäse

Zigara böreği – Blätterteigpastete

Sarma – gefüllte Weinbeerblätter

Arnavut Ciğeri – gebratene Leberstückchen mit Zwiebeln

Tarama – Fischrogensauce

Çiğ köfte – scharf gewürzte Fleischbällchen aus rohem Hackfleisch und Weizenschrot

Kalamar – Tintenfisch, roh oder fritiert

Çacık – flüssiger Joghurt mit kleingeschnittenen Gurken, Knoblauch, Olivenöl, Dill

Piyaz salatası – Salat aus weißen Bohnen

Domates salatası – Tomatensalat

Marul salatası – grüner Salat

Çoban salatası – „Hirtensalat", gemischter Salat.

Die Mezeler (Mehrzahl von Meze) werden meist mit einem Hauptgericht verbunden, das entweder aus Fisch oder verschiedenen Arten gegrillten Fleisches (izgara) besteht. In erster Linie ist das Hammel- und Lammfleisch, nur wenig Rind- oder Kalbfleisch, und nur in einigen Lokalen bekommt man auf besonderen Wunsch auch Schweinefleisch – es kommt vom griechischen Teil der Insel.

Döner kebab – von einem senkrecht stehenden, sich drehenden Spieß geschnittene Fleischscheiben

Iskender kebab – Fleischstücke vom Drehspieß, auf geröstetes, Fladenbrot gelegt und mit Joghurt und Tomatensauce übergossen

Şiş kebab – Fleischstücke auf langen Grillspießen

Izgara kebab – am Spieß gegrillte Hackfleischbällchen, pikant gewürzt

Tandır kebab – auf besondere Art gebratenes Fleisch

Sebzeli köfte – gebratene Fleischbällchen mit Tomaten

Şeftalya – Würstchen aus Hackfleisch, gut gewürzt und am Spieß gegrillt

Bonfile – Beefsteak

Eine besondere Spezialität ist ein Lammfleischgericht, bei dem das Fleisch zusammen mit dem Gemüse im Backofen gegart wird. Man sieht diese weißgekalkten Öfen aus Lehm häufig neben Restaurants und Privathäusern.

Fisch aus dem Meer um Zypern bekommt man meist nur in den kleinen Fischrestaurants, in den großen Hotels wird oft eingeflogener, portionierter Nordseefisch angeboten.

Yerli Balık – hiesiger Fisch

Barboun – Rotbarbe

Sardalya – Sardine

Palamut – kleiner Thunfisch

Als Nachtisch werden Saisonfrüchte und Süßspeisen gereicht, die allerdings für den europäischen Geschmack extrem süß sind:

*Nur noch wenige finden ein Auskommen als Fischer, denn das Meer rund um Zypern ist nahezu leergefischt*

Baklava – mit Walnüssen oder Pistazien und mit Sirup übergossene Blätterteigstücke

Revanı – in Sirup getränkte Süßspeise

Tel kadeyf – dünne Teigfäden mit Walnüssen, in Sirup getränkt

Lokma – ein Hefeteig, der erst in Fett gebacken und dann mit Sirup übergossen wird

Sütlaç – Milchreis

Lokum – eine Art Fruchtgelee mit Puderzucker betäubt

Soujouk – „Würste" aus Traubenmost und Nüssen

In den Hotels, in denen das Essen meist aus einem dreigängigem Menü besteht, werden oft als Vorspeise Suppen (Çorba) serviert.

Anadolu çorbası – Tomatensuppe mit Reis und Paprika

Balık çorbası – Fischsuppe

Domates çorbası – Tomatensuppe

Düğün çorbası – Hochzeitssuppe (mit Fleischstücken und Ei)

Mercimek çorbası – Linsensuppe

Iškembe – Pansensuppe u.v.a. mehr.

Darauf folgt dann ein Fleisch- oder Gemüsegericht. Diese Gerichte findet man leider nur in wenigen Restaurants, meist sind es kleine Lokale, in denen nur Einheimische verkehren. Dort schmecken sie aber umso besser, da sie nicht wie in den Hotels dem europäischen Geschmack nachempfunden sind.

Salçalı köfte – Lammfleischklöße mit Gemüse in Fleischbrühe

Kuzu haslama – Lammknöchel im Eintopf

Kimalı yumurta – Ei mit gehacktem Lamm- oder Hammelfleisch

Patlican dolması – mit Hackfleisch und Reis gefüllte Auberginen

Piber dolması – gefüllte Paprika

Türlü – gebratene Fleischwürfel in Sauce mit Gemüse

Taz kebab – Gulaschähnliches Gericht

Das Frühstück in den Hotels – meist als offenes Büffet angerichtet – setzt sich wie folgt zusammen:

Ekmek – Weißbrot

Tereyağı – Butter

Bal – Honig

Reçel – Marmelade

Peynir – Schafskäse

Kaşar – Gelber Käse

Zeytin – Oliven

Yumurta – Ei

Süt – Milch

Die Zusammenstellung der einzelnen Gerichte variiert. Eier werden meist hartgekocht (hazilop) angeboten. Auf Wunsch bekommt man sie aber auch weichgekocht (kayısı), als Rührei (Omlet) oder als Spiegelei (sahanda Yumurta). Die Milch wird heiß und mit Zucker gesüßt getrunken. Als Kaffee bekommt man meist löslichen Kaffee serviert, auf Wunsch erhält man aber auch türkischen Kaffee in großen Tassen.

# Getränke

### Nichtalkoholische Getränke

Den Tee (Çay), der in kleinen bauchigen Gläsern serviert wird und in der Türkei zum täglichen Erscheinungsbild gehört, wird man in Nordzypern vergeblich suchen. Entweder man trinkt Beuteltee, oder, was viel häufiger vorkommt, den berühmten türkischen Mocca. Man trinkt ihn nie mit Milch und bekommt ihn auf vier Arten serviert:

şekerli – stark gesüßt      az şekerli – schwach gesüßt

orta – normal gesüßt      sade – ohne Zucker

Weitere antialkoholische Getränke sind der im Sommer äußerst beliebte Ayran (Joghurt mit Wasser, leicht gesalzen), Fruchtsäfte und Mineralwasser bzw. Mineralsprudel, außerdem verschiedene mit Kohlensäure versetzte Limonaden und das – fast – allgegenwärtige Cola. Im Winter und im Frühjahr bekommt man an jeder Ecke frisch gepreßten Orangensaft angeboten.

### Alkoholische Getränke

Rakı, ein 45-50 %iger Anisschnaps, ist das alkoholische Nationalgetränk der Türken. Er entspricht etwa dem Ouzo der Griechen. Wegen seiner milchigweißen Färbung, die der Rakı bekommt, wenn man ihn mit Wasser verdünnt, wird er auch „Arslan Sütü", Löwenmilch, genannt. Besonders gut schmeckt Rakı in Verbindung mit einer Mezetafel. Überhaupt werden auf Zypern alkoholische Getränke kaum ohne eine Kleinigkeit zu essen konsumiert. Meist gibt es dazu Nüsse oder Obst.

Eine zypriotische Spezialität ist der aus der Kolonialzeit übriggebliebene „Brandy sour", eine Mixtur aus Brandy, Zitronensirup, Mineralwasser und Angostura Bitter, einem deutschen Magenbitter.

Bier wird aus der Türkei eingeführt und gibt es aus dem Faß (Fiçi) oder aus der Flasche (şişe), wobei man letzterem den Vorzug geben sollte. Neben dem wirklich hervorragenden Efes Birası gibt es noch Venüs Birası und in der Türkei gebrautes Löwenbräu Bier. In manchen Lokalen erwartet den Gast auch importiertes österreichisches Faßbier.

Auf alle Fälle kommen Weintrinker auf ihre Kosten. Da erst seit kurzem auch in Nordzypern Wein angebaut wird, kommt auch der Wein größtenteils aus der Türkei.

Nordzypriotische Weine:

*Aphrodite* ist ein mitteltrockener Rotwein, abgefüllt in Gazımağusa. Die Trauben wachsen auf der Karpas-Halbinsel.

*Kantara* ist ein leichter fruchtiger Rotwein.

*Monarch* nennt sich ein Sherry, der süß, halbtrocken und trocken im Handel ist. Die Trauben reifen auf der Karpas-Halbinsel.

Türkische Rotweine:

*Dikmen* ist ein Tafelwein aus Trauben von Zentralanatolien und Kırşehir.

*Doluca* ist ein mild schmeckender Weißwein und wird aus Papaskarası- und Cinsault-Trauben, die in Thrakien wachsen, verschnitten.

*Karmen* ist ein schwerer und dunkler Wein mit kräftigem Bukett, der am besten schmeckt, wenn er auf etwa 15 Grad temperiert getrunken wird.

*Kulüp* ist ein vollmundiger Wein aus zentralanatolischen Trauben.

*Villa Doluca* ist ein Verschnitt von Trauben aus Mürefte, Denizli, Ürgüp und Kırklareli mit anderen fertigen Weinen.

*Yakut* ist ein Qualitätswein mit dunkler Farbe und unverwechselbarem Geschmack und Bukett.

Türkische Weißweine:

*Çankaya* wird hergestellt aus Narince-Trauben aus Tokat und zählt zu den meist getrunkenen Qualitätsweinen.

*Vadi* wird ebenfalls aus Narince-Trauben gekeltert, die in Ürgüp wachsen. Ein gut zu trinkender Wein mit reichem Bukett.

# Fachbegriffe

*Akropolis* – in der mykenischen Zeit eine Burg, später in der Antike Stadtheiligtum.

*Apsis* – halbkreisförmiger Abschluß eines Raumes, halbrunde Altarnische.

*Atrium* – von Säulen umstandener Vorhof einer Basilika.

*Baptisterium* – selbständiger, oft achteckiger Zentralbau, der als Taufkapelle meist westlich der Bischofskirche errichtet wurde.

*Basilika* – ursprünglich Markt- und Getreidehalle, deren drei bis fünf längsgerichtete Schiffe sich zur Mitte hin erhöhten, so daß durch die aufstrebenden Wände der Seitenschiffe Licht einfallen konnte. Spätere Entwicklung zum wichtigsten Kirchentypus.

*Cavea:* Zuschauerraum im römischen Theaters

*Kapitell* – oberer Säulen- oder Pfeilerabschluß.

*Kreuzkuppelkirche* – über dem Grundriß eines Kreuzes errichteter Bau; über dem Schnittpunkt des Kreuzes erhebt sich die Kuppel.

*Narthex* – der byzantinischen Kirche nach Westen vorgelagerter Bau, in dem sich die Ungläubigen aufhalten durften.

*Peristylhaus* – die einen Hof (z.B. Atrium) umgebende Säulenhalle.

*Portikus* – von Säulen oder Pfeilern getragene Vorhalle.

*Scheidbogen* – längs eines Gewölbes verlaufender konstruktiver oder gliedernder Bogen.

*Spolien* – wiederverwendete Bauteil

*Temenos:* eingefriedeter Bereich eines Heiligtums.

*Terrakotta:* (ital. gebrannte Erde) Tonerde für Gefäße und Plastiken.

*Triforium* – Laufgang zwischen den Arkaden oder Emporen und der Fensterzone einer gotischen Kirche.

**Famagusta** → *Gazimağusa*

# Fauna

Neben Füchsen, Hasen und einigen Wildeseln, die vorwiegend im Osten der Insel anzutreffen sind, sind vor allem die Vögel zu nennen, von denen über 300 Arten auf der Insel leben. Eulen, Lerchen, Wiedehopfe,

Elstern, Krähen, Rebhühner, Fasane und verschiedene Raubvögel sind
auf der Insel beheimatet. Im Frühjahr und Herbst machen Zugvögel auf
Zypern Zwischenstation. Außerdem findet man Schlangen – einige davon sehr giftig – Geckos, Chamäleons und Eidechsen.

# Fährverbindungen

**Venedig – Antalya oder Izmir:**
Diese Strecke wird unter anderem von den Fähren M/F Ankara und M/F
Samsun der Turkish Maritime Lines (TML) befahren. Es sind Fähren, die
keinen besonderen Komfort bieten. Es gibt mehrere Klassen für Kabinen,
unterschieden nach Bettenanzahl und Lage.
Am preiswertesten sind die Vierbettkabinen im untersten Bereich des
Schiffes. Alle Kabinen sind recht klein und spartanisch eingerichtet. Zwei
Kabinen haben gemeinsam eine Dusche und ein WC. Noch preiswerter
ist es, wenn man eine Überfahrt mit Übernachtung in Pullmannsitzen
bucht. Dabei handelt es sich um einen großen Raum mit klappbaren
Sitzen. Für Pullmann-Reisende steht nur eine Waschkabine zur Verfü-
gung. Es gibt ein gutes Restaurant mit vielseitigem Menüangebot und
eine Cafeteria sowie Bars und einen kleinen Swimmingpool.
Die Fähren legen in der Zeit von April bis Oktober jeden Samstag in
Venedig und jeden Mittwoch in Antalya oder Izmir ab. Die Fahrtzeit
beträgt 3 Tage, die einfachen Fahrpreise sind für beide Routen gleich.
Preise: incl. Frühstück/Pullmann ab 200 DM, Kabinen zwischen 250 und
650 DM, je nach Klasse und Deck; Motorrad ab 100 DM; PKW ab 300
DM; Wohnwagen, Busse und Bootsanhänger je nach Länge zwischen
280 und 400 DM.

**Türkei – Nordzypern:**
Zwischen Girne (Nordzypern) und Taşucu (Türkei) sowie Alanya (Türkei)
verkehrt regelmäßig eine Fähre der Gesellschaft „TML" (Turkish Maritime
Lines). Die gleiche Gesellschaft unterhält auch einen Fährbetrieb zwischen Gazimağusa (Nordzypern) und Mersin (Türkei). Die Fähre der TML

von Girne befördert keine Autos, das macht jedoch die Fähre der Fa. Fergün.

Während die Fährverbindung Mersin – Gazimağusa das ganze Jahr besteht, verkehren die Fähren von Alanya und Taşucu nicht regelmäßig.

# Fastenzeit

Der Ramazan, wie der Fastenmonat in der Türkei heißt, dauert 30 Tage, in denen der fromme Moslem von Sonnenauf- bis Sonnenuntergang weder essen, trinken, rauchen noch Geschlechtsverkehr vollziehen darf.

Die Nordzyprioten nehmen es anscheinend nicht so genau mit der Religion, zumindest in den Großstädten und den touristischen Regionen um Girne und Gazimağusa. Geschlossene Restaurants und Kaffeehäuser findet man manchmal in den Dörfern und auf der Karpas-Halbinsel.

Trotzdem sollte man sich aber etwas zurückhalten und nicht auf offener Straße rauchen oder essen, aus Rücksicht auf die Fastenden.

**Ferienwohnungen** → *Unterkunft*

# Feste und Feiertage

Wie in der Türkei gilt auch in Nordzypern der Sonntag als Feiertag. Dazu kommen noch eine Reihe von gesetzlichen und religiösen Festen.

**Staatliche Feiertage**
1. Januar – Neujahrstag
23. April – Tag des Kindes
1. Mai – Tag der Arbeit
19. Mai – Tag der Jugend und des Sportes

20. Juli – Tag der Friedensoperation (Landung der türkischen Soldaten auf Zypern

1. August – Tag der türkisch-zypriotischen Widerstandsbewegung TMT

30. August – Tag des Sieges (gleichzeitig türkischer Nationalfeiertag)

29. Oktober – Tag der (türkischen) Republik

15. November – Tag der Proklamation der türkischen Republik Nordzypern

## Religiöse Feiertage

Da sich die religiösen Feste nach dem islamischen Mondkalender richten und das Mondjahr nur 354 Tage hat, sind diese beweglich. Das heißt, sie verschieben sich jedes Jahr um 12 Tage.

Die wichtigsten religiösen Feste sind das am Ende der Fastenzeit stattfindende Zuckerfest (Şeker Bayramı) und das 27 Tage später stattfindende Opferfest (Kurban Bayramı).

Beim drei Tage dauernden Zuckerfest besucht man sich gegenseitig und bringt Süßigkeiten mit.

Beim vier Tage dauerndem Opferfest, dem wichtigsten religiösen Fest überhaupt, schächtet jeder, der es sich leisten kann, einen Hammel. Haut und Teile des Fleisches werden danach als gute Gabe gespendet. Offizielle Stellen, Banken und Geschäfte haben während dieser Tage geschlossen. Außerdem ist es schwer, Hotelzimmer zu bekommen, weil viele Türken vom Festland auf die Insel kommen.

## Private Feste

Neben den offiziellen und religiösen Festen sind das Beschneidungsfest der Knaben (Sünnet) und die Hochzeit die wichtigsten Feiern im privaten Bereich. Die Beschneidungsfeier ist eine Art Firmung des männlichen

*Blühende Pracht: besonders im Frühjahr bietet sich ein Besuch der Insel an*

Muslims, erfolgt im Alter zwischen 2 und 11 Jahren und findet fast ausschließlich während der Schulferien statt.

Geheiratet wird außer in der Fastenzeit das ganze Jahr.

An diesen Festen als Fremder teilnehmen zu dürfen, stellt ein Ehre dar und ist sicherlich ein unvergeßliches Erlebnis. Beide Ereignisse werden oft wochenlang vorbereitet und finden ihren Höhepunkt in einem großen Treffen von Verwandten und Bekannten.

# FKK

Auch wenn manche Reiseveranstalter auf vierfarbigen Prospekten mit barbusigen Frauen werben, ist dies mit der Moralvorstellung der moslemischen Bevölkerung nicht zu vereinbaren. An bestimmten Stellen, wie z. B. an den Stränden der Ferienclubs, ist es zwar möglich, ohne viel Aufhebens „oben ohne" zu baden. Jeder aber, der Respekt vor den Moralvorstellungen, der Religion und Lebensweise der Menschen dieses Landes hat, sollte dies an öffentlichen Stränden unterlassen – erst recht dort, wo einheimische Touristen am Strand zu finden sind. Für viele einheimische Frauen, besonders für die älteren, ist es noch gang und gäbe, in völliger Bekleidung zum Baden zu gehen.

Auch an einsamen Stränden kann man nie sicher sein, daß nicht irgendwer einen beobachtet und sich provoziert fühlt. Wer möglichen Ärger also vermeiden möchte, sollte von der Freikörperkultur Abstand nehmen. Offizielle FKK-Plätze gibt es noch nicht.

# Flora

1908 zählte ein britischer Botaniker 612 verschiedene Pflanzenarten, davon 70, die nur auf der Insel vorkommen. Allein 20 Arten sind vom Europarat als besonders schützenswert eingestuft worden. In den Monaten März und April verwandelt sich die Insel in einen blühenden Garten. Die Blütensaison beginnt aber schon im Spätherbst, wenn nach dem regenlosen Sommer der erste Niederschlag fällt. Nach dem herbstlichen

Regen erscheinen im November der Herbstkrokus und die ersten Zykla-
men, gefolgt im Januar von den Narzissen, Anemonen und Vergißmein-
nicht. Im März und April blühen dann gelber und roter Mohn, Iris, bor-
deauxrote Tulpen und Hyazinthen. Im Mai ist die Blütezeit vorbei, aber in
den höheren Regionen findet man noch bis Mitte Juni Orchideen, die
besonders in den Bergen um Kyrenia heimisch sind. Besondere Aufmerksamkeit bei Orchideenliebhabern findet die „Ophrys Kotschyi", eine
Art, die nur auf Zypern vorkommt und sieben Jahre benötigt, um sich
vom Samen in eine Blüte zu verwandeln. Um die gleiche Zeit findet man
auch den „Stern von Bethlehem", eine Lilienart. Im Sommer wachsen
viele Disteln und auf den Sanddünen die Meeresnarzissen.

Auffallend in der zypriotischen Landschaft ist die hohe amerikanische
Agave, die von den Moslems auf ihre Friedhöfe gepflanzt wird, da sie nur
einmal blüht und danach abstirbt. Ebenso auffallend ist der bis zu 3 m
hoch wachsende Fenchel, den man wieder überwiegend auf den zerstörten griechischen Friedhöfen findet.

Außerdem ist die Insel sehr reich an aromatischen Gewächsen wie La-
vendel, Thymian, Rosmarin und Jasmin.

Nach Jahrhunderten des Kahlschlags wurde erst während der britischen
Kolonialzeit mit einer systematischen Wiederaufforstung begonnen.
Heute ist die Insel mit 18,7 % Waldfläche die waldreichste der großen
Mittelmeerinseln. Neben Aleppopinien bestimmen Öl-, Johannesbrot-,
Eukalyptus- und Zitrusbäume das Bild der Landschaft. Charakteristisch
für die Monate April und Mai sind die gelbblühenden Akazien und die
rotblühenden Judasbäume.

**Flug** → *Anreise, Reisen im Land*

# Fotografieren

Erlebtes oder Gesehenes auf Film zu bannen, gehört wie der Wunsch
nach Sonne und Erholung zu jedem Urlaub. Bevor man allerdings in
Nordzypern auf Motivsuche geht, sollte man folgendes wissen:

Früher war in den islamischen Ländern die Meinung verbreitet, daß ein fotomechanisches Abbild die Seele des Fotografierten rauben würde. Diese Annahme gilt für die recht offene und europäisierte Insel nicht mehr. Aber man sollte nicht vergessen, daß gerade in den letzten Jahren viele Festlandtürken in den verlassenen griechischen Dörfern angesiedelt worden sind, die zum Teil aus dem letzten Winkel Anatoliens kommen. Grundsätzlich sollte man keine Portraitaufnahmen machen, ohne vorher die Erlaubnis dazu eingeholt zu haben. Außerdem sollte jeder Fotografierende fair genug sein und die entwickelten Fotos dann auch an die entsprechenden Personen verschicken. Man bereitet damit eine große Freude.

Prinzipiell verboten ist das Fotografieren von militärischen Anlagen und der Grenze zum griechischen Teil. Dieses Verbot sollte auf keinen Fall mißachtet werden!

Negativfilme sind ohne größere Probleme überall zu erwerben, nicht aber Diafilme. Allerdings sollte man bedenken, daß die Auswahl beschränkt ist. Beim Kauf von Filmen sollte man auf jeden Fall darauf achten, daß der Film kühl gelagert worden ist – nicht in der Auslage des Ladens, wie es manchmal geschieht – und das Ablaufdatum des Fotomaterials nicht überschritten ist.

Das Entwickeln der Urlaubsfilme erledigen mehrere Fotogeschäfte auf der Insel schnell, preiswert und in einer zum Teil sehr guten Qualität.


# Gazımağusa
## (zypr. Famagusta, griech. Ammochosto)

Die wahrscheinlich „türkischste" Stadt der Insel ist Gazımağusa. Die von dicken Stadtmauern umschlossene Altstadt mit den Überresten ehemals verschwenderisch ausgestatteter Palazzi von Konsuln, Bankiers und Kaufleuten aus Venedig, Genua, Montpellier, Barcelona und vielen anderen europäischen Städten sowie die Ruinen von über 30 prachtvollen Kirchen; dazwischen pulsierendes Leben wie auf einem Basar – das ist es, was den Reiz dieser zweitgrößten Stadt von Nordzypern ausmacht.

*Gazımağusa (Famagusta) birgt in seinen Stadtmauern noch viele Ruinen einst prachtvoller Kirchen*

## Gazımağusa / **Geschichte**

Die erste Stadtgründung fand 260 vor Chr. unter Ptolemäus, einem der Generäle Alexander des Großen statt. Die kleine Lagunenstadt benannte er nach dem Namen seiner Frau Arsinoe. Einen kräftigen Bevölkerungs-zuwachs erhielt Arsinoe nach der endgültigen Aufgabe von → *Salamis,* dessen Bewohner ihre neue Heimat in Anspielung auf ihre verlassene Stadt Ammochostos (= im Sand versunken) nannten. Dieser Name stand Pate für Famagusta, wie die Stadt später unter lateinischer Herrschaft genannt wurde.

Einen zweiten, nicht unbedeutenden Wachstumsschub erfuhr die Stadt während der byzantinischen Zeit, als Kaiser Johannes Komnenos Arme-nier aus den an die Seldschuken verlorenen Gebieten dort ansiedelte.

Zur Zeit der Kreuzzüge war die Stadt eine kosmopolitische Drehscheibe, eine bedeutende Station für Pilger auf ihrer Reise ins Heilige Land und für Kaufleute. In der Hafenstraße, wo der große Markt abgehalten wurde, bekam man Salz, Zucker, Johannesbrot, zypriotische Weine; Kardamom, Pfeffer, Muskat, Zimt und Nelken aus dem fernen Orient, Ingwer aus China, Indigo aus Bagdad, Hölzer aus Brasilien, Aloe und Sandelholz aus Timor, Kampfer aus Sumatra und noch vieles andere mehr angeboten. Nach dem Fall von Akkon im Jahre 1291, der wichtigsten Kreuzritterfestung im Orient, überschwemmte ein Flüchtlingsstrom aus Syrien und Palästina die Stadt, die zu einer der reichsten der mittelalterlichen Welt wurde. Der deutsche Reisende Ludolf von Suchen, der zwischen 1336 und 1341 auf Zypern weilte, erzählt staunend vom sprichwörtlichen Reichtum der Stadt: „Es ist die reichste aller Städte, und ihre Bürger sind die reichsten Bürger."

Südfranzösische, katalanische, italienische, armenische und griechische Kaufleute bauten ihre Paläste und Kirchen. Militärische und religiöse Orden ließen sich nieder, und europäische Handelshäuser eröffneten Dependancen und Banken. Die italienischen Seerepubliken hatten ihre eigenen Kolonien. 1373 führte ein Streit zwischen den Vertretern Venedigs und Genuas zu einem Massaker unter der genuesischen Bevölkerung. Die genuesische Armada eroberte die Stadt, Zypern wurde für fast 100 Jahre Genua tributpflichtig. Nach einem kurzen Zwischenspiel der Franken von 1464-1489 übernahmen die Venezianer die Herrschaft in der Stadt und auf der Insel.

Die mehrere Kilometer lange und bis zu 17 m breite Festungsmauer, die noch aus der Zeit der Lusignans stammte, wurde umgebaut und dem Kanonenzeitalter angepaßt. In ihrer Form, die bis heute überdauerte, sind sie weitgehend ein Werk des venezianischen Militärarchitekten Giovanni Gerolamo Sanmicheli, der innerhalb der Mauern Kanonenräume einfügte, die mit Kaminen ausgestattet waren, damit der Kanonenrauch abziehen konnte.

Entsprechend gut gerüstet war die Stadt für den Angriff der Osmanen, die 1570 mit der Eroberung der Insel begannen. Nachdem Lefkoşa und Girne gefallen waren, zogen sich die Verteidiger in die Stadt zurück. Etwa 8000 Soldaten mit 90 Kanonen standen einem osmanischem Aufgebot von 200 000 Soldaten und 100 Kanonen gegenüber. Die Stadtmauer bot nur zwei Eingänge: das Landtor im Westen und das Seetor. Erst nach elfmonatiger Belagerung kapitulierte der venezianische Oberbefehlsha-

ber Bragadino und übergab die Stadt am 1. August 1571 dem osmanischen Sultan Mustafa Pascha.

Die einstige Krönungskirche der Könige von Jerusalem, die Kathedrale
des Hl. Nikolaus, wurde mit Minaretten versehen und zur Moschee umgewandelt, und kein Ungläubiger durfte sich in den folgenden Jahrzehn-
ten nachts im Areal der Altstadt aufhalten. Die Christen gründeten knapp
2 km entfernt die Stadt Varosha.

Die letzte Belagerung, der die dicken Stadtmauern standhalten mußten,
fand 1974 statt. Mehr als einen Monat verschanzte sich die türkisch-zypriotische Minderheit aus den Dörfern der Umgebung in der Altstadt, weil
sie den Terror der griechischen Soldaten befürchtete. Ein Tunnel führte
unterhalb der Mauer nach draußen zu dem Platz mit der großen Sieges-
säule. Daß die Angst nicht unberechtigt war, davon zeugen die Massen-
gräber in den nahegelegenen Ortschaften Sandallar, Atlılar und Muratağa sowie die zerschossene Volksschule im Stadtteil Sakarya, in die sich
Zivilisten geflüchtet hatten.

Nachdem die türkische Armee am 14. August die Stadt erreichte, wurde
der von Griechen bewohnte Vorort Varosha (türk. Maraş) zum Sperrge-
biet. Die fast 10 000 Hotelbetten, die dort entstanden waren, stehen
heute leer.

## Gazimağusa / **Sehenswürdigkeiten**

### Befestigungsanlagen

Die etwa 3 km lange Stadtmauer, die heute noch die Altstadt umschließt,
besteht aus einem System von Gräben, Türmen, Bastionen und bis zu 17
m breiten Wällen, die von einem Wassergraben umgeben waren, der mit
dem Meer in Verbindung stand. Die Türme und Bastionen dienten zum
Schutz der dazwischenliegenden Mauerabschnitte. Die Stadtmauer besaß nur zwei Tore, das Land- und das Seetor, die heutigen zusätzlichen
Eingänge wurden während der britischen Kolonialzeit durch den Mauer-
ring gebrochen.

Das unmittelbar neben dem neuen Mauerdurchbruch an der Südwestek-
ke der Altstadt befindliche *Landtor* konnte ursprünglich nur über eine
Zugbrücke von außen betreten werden. Die *Große Bastion,* wie sie auch

genannt wurde, sollte die Stadt gegen Angriffe von der Landseite her schützen. Ein aus der Mauer hervorspringendes Verteidigungswerk (Ravelin) ermöglichte den Beschuß eines von mehreren Seiten angreifenden Feindes. Entsprechend heiß umkämpft war die Bastion auch während der Belagerung durch die Osmanen im Jahr 1571. Diese nannten die Bastion auch „Akkule", weißer Turm, weil an dieser Stelle die Verteidiger die weiße Kapitulationsfahne hißten. Ein 10 m hoher Bogengang, an dessen Wänden noch Spuren genuesischer Wappen zu sehen sind, führt in das Innere der Anlage. Er beginnt zwischen der zu einem Torhaus umgebauten Geschützkammer und der großen Rampe, über die die Geschütze zu den Geschützplattformen hochgezogen wurden. Am Ende des Ganges kann man ein Wappen der Könige von Zypern, Jerusalem und Armenien sehen.

In Richtung Nordwesten folgen die *Diocare-Bastion,* die *Marotto-Bastion* die *Palacazaro-Bastion,* und die *San Luca-Bastion,* bis man schließlich die an der nordwestlichen Ecke der Altstadt gelegene *Martinengo-Bastion* erreicht. Die Bastion ist benannt nach dem venezianischen Militärarchitekten Hercules Martinengo, der im Jahr 1558, 12 Jahre vor dem Angriff der Osmanen, mit dem letzten Ausbau der Verteidigungsanlagen begann. Der wie eine dreieckige Pfeilspitze aus der Stadtmauer ragende Turm hat eine Mauerstärke von 6 m, auf und in ihm waren die schwersten Geschütze der Stadt postiert. Die Löcher, die man auf der oberen Plattform im Fußboden sehen kann, waren Rauchabzüge für den Pulverdampf der im Inneren des Turmes abgefeuerten Kanonen. In der Bastion entdeckte man erst 1966 zwei unterirdische Schutzräume, die rund 2000 Menschen Zuflucht geboten haben.

Von der Martinengo-Bastion führt die Stadtmauer über die *Del Mozzo-Bastion* zu dem an der nördlichen Ecke der Stadtmauer am Hafen gelegenen *Diamant-Turm.* Von dort ist es nicht weit zur *Zitadelle,* einem rechteckigen Bau mit vier Rundtürmen. Sie wurde im 14. Jahrhundert unter den Lusignans zur Verteidigung des Hafens gebaut. Ihre heutige Form erhielt sie 1492 durch Nicolo Foscarini, dessen Name unter dem geflügelten Löwen der Republik San Marco auf einer Marmortafel über dem Haupteingang erscheint. Im Wächterhaus steht ein Modell der Zitadelle, das anschaulich die verschiedenen Bauphasen wiedergibt. Seit der britischen Kolonialzeit wird die Anlage auch als *Othello-Turm* bezeichnet,

da man annimmt, daß Shakespeares Tragödie „Othello" hier spielte.
Südlich der Zitadelle befindet sich das Seetor, durch das man vom Hafen
in die Stadt gelangt ist. 1496 vom Präfekten Nikolao Priolo neu gebaut,
ist es das eleganteste Werk in der Festungsanlage.

Die südöstliche Ecke der Stadtmauer wird von der *Canbulat-Bastion*
bewehrt, die nach dem osmanischen Kavallerieoffizier Canbulat benannt
wurde. Der Soldat, dessen Grab sich an der Bastei befindet, stürzte sich
mitsamt seinem Pferd in ein Messerrad der venezianischen Verteidiger,
das den schmalen Eingang zur Bastion versperrte, und blockierte damit
die gefährliche Maschine.

Bis zum Landtor passiert man noch die *Camposanto-Bastion,* die
*Andruzzi-Bastion,* und die *Santa Napa-Bastion.*

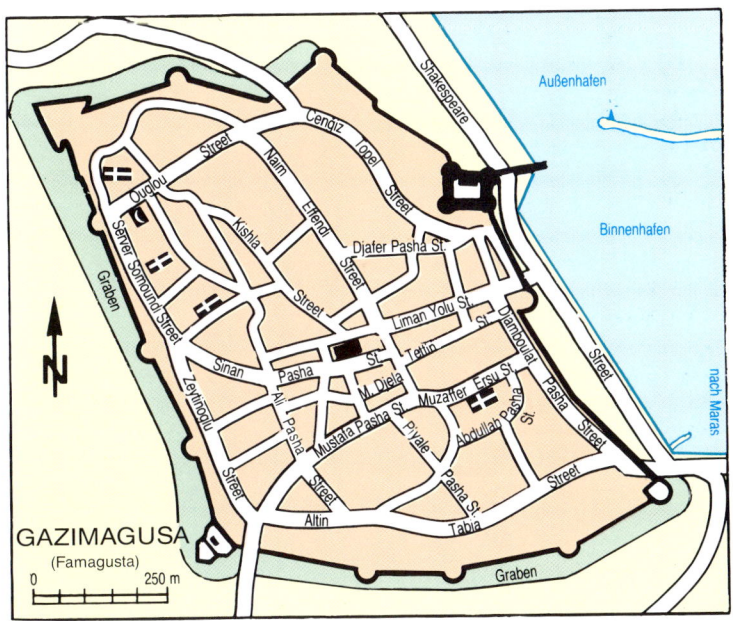

## Kirchen/Moscheen

Einst sollen in der Stadt mehr Kirchen gestanden haben, als das Jahr Tage hat. Sie wurden entweder zu Moscheen umgebaut, dienten profanen Zwecken oder verfielen ganz.

Dominierend und von allen Seiten sichtbar ist die gotische *St. Nikolaus Kathedrale,* eine in gelbem Sandstein gehauene Nachempfindung der Kathedrale von Reims. Da der Bau, abgesehen von dem 1571 hinzugefügten Minarett, nicht wie andere europäische Bauten verändert worden ist, findet man hier Gotik in Reinkultur. 1298 stiftete eine gewisse Isabella von Antiochia einen beträchtlichen Geldbetrag zum Bau der Kathedrale, in der sie auch beerdigt werden wollte. Noch im gleichen Jahr wurde unter dem Bischof Guy d'Ibelin mit dem Bau begonnen, der von seinem Nachfolger Bischof Balduin Lambert fortgesetzt wurde. Von ihm stammt auch die am Portal des südlichen Seitenschiffes angebrachte Tafel, auf der – wie in der Kathedrale von Reims – unter dem Datum 4. August 1311 die Anzahl der fertiggestellten Gewölbeeinheiten aufgeführt ist. 1326, im selben Jahr wie in der Sophienkathedrale in Nicosia, mit deren Bau man schon 1209 begonnen hatte, fand die feierliche Einweihung statt.

In der Kathedrale wurden die Könige von Zypern nach der Krönung in Nicosia zu Königen von Jerusalem gekrönt.

Nach der osmanischen Eroberung wurde die Kathedrale in eine Moschee umgewandelt und erhielt den Namen Lala Mustafa Pascha Camii. Heute ist sie die Haupt- und Freitagsmoschee der Stadt.

Der mächtige Baum auf dem Vorplatz ist ungefähr genauso alt wie die Moschee. Das überkuppelte osmanische Gebäude im Vorhof der Kathedrale ist eine ehemalige Koranschule.

Der Bau, in dem der islamische Reinigungsbrunnen (Şadırvan) untergebracht ist, stammt aus dem 16. Jahrhundert. Über den beiden Rundfenstern sind noch venezianische Wappen zu erkennen. Bei dem vor dem Gebäude liegenden Marmorfries handelt es sich um eine antike Spolie aus Salamis.

Der besterhalten und eindrucksvollste Teil des Bauwerks ist die Westfassade, die in diesem Jahrhundert restauriert wurde. Die nachgebildeten Architekturdetails heben sich deutlich von der Steinmetzkunst des 14. Jahrhunderts ab. Im Inneren des dreischiffigen Bauwerkes fällt wie bei der Sophienkathedrale das Fehlen von Emporen und Triforien auf. Es ist auf diese solide Bauweise zurückzuführen, daß die Kathedrale sämtliche Erdbeben und das Bombardement von 1571 fast unbeschadet überstanden hat. An verschiedenen Stellen sind noch Spuren der Bemalung zu sehen.

Die *Franziskanerkirche* steht gleich neben dem Palazzo Provveditore (dort, wo sich die beiden Straßen Namık Kemal Yolu und Kışla Sokak treffen) und wurde vermutlich unter Henri II. (1285-1324) errichtet. Sein Nachfolger Hugo IV. (1324-359) war mehr den Dominikanern zugeneigt und wandelte die Passage, die den Königspalast mit der Kirche verband, in einen Schießstand um. Die einschiffige Kirche besaß zwei Seitenkapellen und im Osten einen mehreckigen Chorabschluß.

Nördlich der Franziskanerkirche in der Kışla Sokak steht die *Zwillingskirche der Templer und Hospitaliter.* Anfang des 14. Jahrhunderts wurde vom Templerorden die einschiffige Kirche mit Kreuzrippengewölbe erbaut und dem Hl. Antonius geweiht. Die turmartige Kapelle daneben wurde von den Hospitalitern errichtet, die nach der Auflösung des Templerordens dessen Besitztümer übernahmen.

Ebenfalls nicht weit vom Palazzo in der Sinan Paşa Sokak befindet sich die zur Moschee umgewandelte *Kirche St. Peter und Paul.* Die gut erhaltene Kirche aus dem 14. Jahrhundert wurde bis vor kurzem für das Werk eines reichen Kaufmannes namens Simone Nostrano gehalten. Eine vor nicht allzu langer Zeit entdeckte syrische Wandinschrift weist auf einen Nestorianer namens Simon als Stifter hin. Das Kreuzrippengewölbe der dreischiffigen Kirche ruht wie bei der Nikolauskathedrale auf Rundpfeilern mit flachen Kapitellen. Heute befindet sich in der Kirche, die zwischenzeitlich auch noch als Getreidespeicher benutzt wurde, eine Bibliothek.

Wenn man von der Kışla Sokak durch die Necip Tozun Sokak in Richtung Stadtmauer geht, passiert man die auf der rechten Seite stehende *Kirche der Nestorianer.* Diese im Jahr 1339 von einem reichen Kaufmann errichtete Kirche bestand ursprünglich nur aus einem Schiff, die Seitenschiffe und der Glockenturm kamen später hinzu. In der Kirche findet man noch syrische Inschriften und Reste der italienisch beeinflußten Wandmalerei. Sie diente während der Osmanenzeit als Kamelstall, wurde aber zu

*Lala Mustafa Moschee in Gazimağusa (Famagusta)*

Beginn des 20. Jahrhunderts von einem orthodoxen Christen erworben und renoviert.

Südlich der Zitadelle befindet sich die Ruine der *Kirche St. Georg,* die ins frühe 13. Jahrhundert datiert wird. Die einschiffige Kirche wurde zum Teil mit Steinen aus dem antiken Salamis errichtet. Am Nordportal und an einem noch teilweise erhaltenen Fassadenturm findet man ornamental und figürlich ausgestaltete Friese.

Die im gotisch-byzantinischen Kompositstil erbaute Kirche *Agios Georgios der Griechen* befindet sich südlich der Nikolauskathedrale in der Muzafer Ersu Cad. Von dem Bau aus der 2. Hälfte des 14. Jahrhunderts stehen noch die Rückwand und der Chor, in dem man sehr stark zerstörte, blasse Wandmalereien entdecken kann.

Vom königlichen Palast der Lusignans, der von den Venezianern übernommen und in *Palazzo Provveditore* umbenannt wurde und der sich gegenüber der Nikolauskathedrale befand, sind nur noch das Renaissance-Portal und Teile der Südfassade erhalten. Die vier dorischen

Granitsäulen, die dem Portal in Säulenbogenstellung vorgestellt sind, stammen aus Salamis. Nach der osmanischen Machtübernahme wurde der Palazzo als Gefängnis benutzt; der berühmteste Gefangene war der türkische Nationaldichter Kemal Namik, der hier von 1873-76 eingesperrt war, weil er am Sultan Kritik geübt hatte. Die vor dem Palast liegende Kanone stammt aus einer vor der Stadt versunkenen Galeere und trägt neben dem Wappen Kaiser Karl des V. die Jahreszahl 1534.

## Gazimağusa / **Praktische Informationen**

### Ärztliche Versorgung

Das „State Hospital" liegt etwas außerhalb der Stadtmauern in der Polat Paša Cad. und ist unter Tel. 6 28 76 zu erreichen.

Praktischer Arzt: Dr. Aytekin Colakoğlu, Afrodit Sok., Tel. 6 26 16.

Kinderarzt: Dr. Ersin Arslanoğlu, 4A Barış Sok., Tel. 6 68 63.

Zahnarzt: Fehmi Tuncel, Naim Efendi Yolu 3, Tel. 6 30 01.

### Autovermietung

Atlantic – Sinan Paša Sok., Adataš Turizm, Tel. 6 32 77

Sur – Ismet Inönü Bulvarı, Tel. 6 56 00

### Baden

Zwischen dem Hotelstrand des Palm Beach Hotels und der Geisterstadt Varosha befindet sich der städtische Strand von Gazimağusa. Der Hotelstrand des Palm Beach Hotels steht auch Nichtgästen gegen eine Eintrittsgebühr zur Verfügung

→ *Salamis*

### Banken

Von den zehn Banken der Stadt befinden sich vier am Namık Kemal Meydanı.

Autorisierte Geldwechsler sind:

Ertem Yatırım Ltd., Namık Kemal Meydanı, Tel. 6 59 39.

Ulucay Exchange, Mustafa Kurtuluš Sok. , Tel. 6 43 05.

### Einkaufen

In der Straße, die links an der Lala Mustafa Moschee vorbei zum Hafen führt (Liman Yolu), befindet sich ein großer überdachter Lebensmittelmarkt.

Eine Maßschneiderei befindet sich neben dem Café Tirol.

Vor der Lala Paša Moschee gibt es in der Mındık & Tema Pasajı mehrere Boutiquen.

**Essen und Trinken**

Gute türkische Küche wird im „Agora", Elmas Tabya Sok., Tel 6 53 64, serviert. Geöffnet täglich außer Sonntag von 9-24 Uhr.

In der ehemaligen Polizeiwache neben dem alten Gerichtsgebäude befindet sich eines der schönsten Restaurants der Stadt. Das „Cyprus House", Hastahane Yolu 32/1, Vakiflar Caršısı, Tel. 6 48 45, serviert in einer Gaststube, die mit Antiquitäten vollgestopft ist, gute traditionelle türkisch-zypriotische Küche. Geöffnet täglich außer Sonntag von 12-15 und 18-2 Uhr.

Sehr beliebt bei der einheimischen Bevölkerung ist das französische Restaurant „La Cheminée" in der Kemal Server Sok., Tel 6 64 02, nicht weit vom Hotel Palm Beach. Es ist täglich außer Montag von 12-14.30 und 19.30-22.30 Uhr geöffnet.

Etwas außerhalb der Stadt an der Straße nach Salamis befindet sich „Erich's Pub", Tel. 6 62 14, das täglich außer Mittwoch von 12-24 Uhr geöffnet hat.

Gute Pide bekommt man im „Viyana Restaurant" in der Liman Yolu, neben dem Markt, das über einen schattigen Garten mit einem Springbrunnen verfügt.

An der Ecke Liman Yolu/Canbulat Yolu befindet sich die Konditorei „Petek Pastanesi", Tel. 6 71 04, die für ihre reichliche Auswahl an Torten und Mehlspeisen berühmt ist.

In Straße, die vom Landtor ins Stadtzentrum führt, liegen nebeneinander das „Şato Restaurant" und das „Café Tirol", wobei ersteres mehr auf Hamburger spezialisiert ist. Das Café Tirol wird gerne von den österreichischen UN-Soldaten besucht.

**Museum:** In der Canbulat-Bastion befindet sich ein kleines Museum für türkisch-zypriotische Volkskunst. Es ist montags bis samstags von 8-14 Uhr geöffnet.

**Nachtleben**

Bis auf die Disco im Palm Beach Hotel, die jeden Tag um 22 Uhr öffnet, ist es mit dem Nachtleben in Gazımağusa nicht sehr gut bestellt.

Das Kasino im Palm Beach Hotel ist täglich von 20-4 Uhr geöffnet. Neben „einarmigen Banditen" findet man Black Jack und Roulettetische.

An der Stadtmauer (wenn man von Salamis kommt) befindet sich ein Luna-Park.

→ *Essen und Trinken*

## Post

Das Hauptpostamt befindet sich außerhalb der Stadtmauern in der Ilker Karter Cad., das ist eine kleinere Straße, die vom Fevzi Çakmak Bulvarı zum Polat Paşa Bulvarı führt.

Ein kleineres Postamt befindet sich in der Altstadt am Landtor.

Die Ortsvorwahl für Gazimağusa ist 034.

## Touristeninformation

Die Touristeninformation hat ihr Hauptbüro außerhalb der Altstadt an der Stadtmauer am Fevzi Çakmak Bulvarı 5, Tel. 6 28 64. Eine Zweigstelle befindet sich innerhalb der Stadtmauern am Landtor.

## Unterkunft

Bestes Hotel der Stadt ist das Fünfsterne-Hotel „Palm Beach", Tel. 6 20 00. Neben einem eigenen Strand, Kasino und Disco verfügt es über sämtliche Einrichtungen eines internationalen Hotels der Spitzenklasse. Die Übernachtung mit Frühstück kostet im EZ ab ca. 100 DM, im DZ ab ca. 140 DM.

Das „Apartment Hotel Khan", Tel. 6 69 99, liegt etwas außerhalb der Stadt neben der Geburtsklinik an der Straße in Richtung Salamis. Apartments für 2 Personen kosten in der Zeit von Oktober bis Mai ab ca. 40 DM, für 4 Personen ab 70 DM pro Nacht, in der übrigen Zeit etwa das Doppelte.

In der Altstadt befinden sich die Einsterne-Hotels „Altun Tabya", Kızılkule Yolu 7, Tel. 6 53 63, und das „Panorama, Tel. 6 58 80. Beide Hotels haben Zimmer mit D/WC und kosten mit Frühstück für 1 Person ca. ab ca. 30 DM und für 2 Personen ab ca. 40 DM.

Zu den einfacheren Unterkünften gehört die „Özlem Pansiyon" neben der Lala Paşa Moschee in der Mehmet Ali Görmüş Sok., Tel. 6 55 87, wo man für ein Zimmer ohne D/WC nur ca. 10 DM/Person bezahlt.

Hinter der Bücherei, in der Ali Paşa Sok 35, Tel. 6 55 88, befindet sich das „Hotel Köşk", Zimmer ohne D/WC, ca 10 DM/Person.

Ebenfalls in der gleichen Preislage liegt das „Hotel Side" gegenüber der
Lala Paşa Moschee.
→ *Salamis*
**Verkehrsverbindungen**
*Bus:* Die Minibusse nach Lefkoşa und Girne fahren in der Naim Efendi
Sokak in der Nähe der Lala Paşa Moschee ab. Ein weiterer Busbahnhof
befindet sich am Kemal Mustafa Paşa Bulvarı, das ist die Ausfallstraße
Richtung Lefkoşa.
*Flugzeug:* Ein Büro der Cyprus Turkish Airlines befindet sich in der Ilker
Karter Cad. 50, Tel. 6 77 99.
Istanbul Airlines, Ismet Inönü Bulvarı B2, Tel. 6 29 50.
*Schiff:* → *Fährverbindungen*
**Zeitungen** *(deutschsprachig)*
Am Namık Kemal Meydanı befindet sich das Geschäft von Necdet Dök-
mecioğlu, Tel. 6 53 12.


## Gazımağusa / **Umgebung**

→ *Boğaz, Salamis, Karpas-Halbinsel*


# Geld

In Nordzypern gilt die türkische Lira als Landeswährung, abgekürzt TL.
Eine Lira entsprach 100 Kuruş. Aufgrund der hohen Inflation (jährlich
über 50 %) sind die Kuruşmünzen jedoch schon lange nicht mehr im
Verkehr. Geldscheine mit den Werten 5, 10, 20, 50, 100, 500 und 1000
TL wurden aus dem Verkehr gezogen. An ihre Stelle wurden bereits
Münzen in Umlauf gebracht. Weitere Scheine sind 5000, 10 000, 20 000,
50 000 und 100 000 TL. Die Banken haben von Montag bis Samstag nur
von 8.30 bis 12.00 Uhr geöffnet! Allerdings gibt es viele private Wechsel-
stuben, die mehr oder weniger rund um die Uhr geöffnet haben. Außerdem kann man jederzeit in den größeren Hotels problemlos Geld wechseln.
Euroschecks müssen in der Währung des Heimatlandes ausgefüllt wer-

den, auch Travellerschecks werden überall akzeptiert. Je nach Größe der Bank gilt das auch für Kreditkarten.

In vielen Geschäften, aber auch in den besseren Lokalen und Hotels, werden Kreditkarten ebenfalls als Zahlungsmittel anerkannt.

**Geldüberweisungen** kann man durch Banken oder Postämter vornehmen lassen. Die schnellste Möglichkeit ist die Überweisung durch eine türkische Korrospondenzbank im Heimatland, dann kann das Geld womöglich noch am Einzahlungstag beim Empfänger sein.

→ *Duty Free, Post*

# Gemikonağı (griech. Karavostasi)

Im westlichen Teil von Nordzypern liegt in der Bucht von → *Güzelyurt* der Hafenort Gemikonağı, dem Zentrum des antiken und modernen Erzabbaus.

Der Bergbau, der in byzantinischer Zeit aufgegeben und auch nicht unter den Lusignans und Osmanen wieder aufgenommen wurde, begann erst wieder unter britischer Herrschaft. Gefördert wurde Pyrit, ein Gemisch aus Schwefel und Eisen, dem auch in geringen Anteilen Kupfer, Nickel, Kobalt und sogar Gold beigemengt ist. 1974 wurde die Produktion eingestellt, da die „Green Line" mitten durch das Abbaugebiet führt.

Die mächtigen Förderbänder zum Beladen der Erzfrachter ragen noch heute ins Meer hinaus.

→ *Soli, Vouni*

# Geographie

Als eine „Ecke, die vom Himmel berührt wird" bezeichnen die Zyprioten ihre Insel. Sie liegt etwa auf 35° nördlicher Breite und 33° östlicher Länge, das bedeutet, daß sie aufgrund ihrer geographischen Lage eigentlich zu Asien gehört. Mit 9251 qkm Fläche – davon 3355 qkm Nordzypern – ist Zypern nach Sizilien (25 462 qkm) und Sardinien (23 818 qkm) vor Kreta (8373 qkm) die drittgrößte Insel im Mittelmeer. Die Küstenlinie beträgt 780 km.

Die größte Länge der Insel beträgt 224 km, die größte Breite 96 km. Die
kürzeste Entfernung zur Türkei mißt 65 km, nach Syrien 104 km, nach
Ägypten 380 km und nach Athen 550 km.

Im Norden erstreckt sich das Beşparmak-Gebirge, das südwestlich von
Girne mit 1024 m seine höchste Erhebung hat. Die Berge, die an ihrer
Nordseite steil ins Meer abfallen, wirken jedoch beträchtlich höher.
Beşparmak bedeutet „fünf Finger", was ungefähr der Silhouette eines
markanten Felsgipfels bei Girne entspricht (→ *Beşparmak-Berg).*

Auf ihrer Südflanke ist die Gebirgskette im Gegensatz zu ihrer Nordseite,
die dicht bewaldet ist, nur spärlich bewachsen. Die Berge erstrecken sich
über 100 km vom Kap Kurucam (Kap Arnauti) bis zum Kap Zafer (Kap
Andreas) an der Spitze der Karpas-Halbinsel.

Zwischen dem Beşparmak-Gebirge und den den Südwesten die Insel
einnehmenden Troodos-Gebirge breitet sich die fruchtbare Mesaoria-
Ebene aus. Im Frühjahr sattgrün, im Sommer von der Sonne verbrannt,
ist sie die Kornkammer Zyperns. Sie verengt sich im Süden von Lefkoşa
zwischen den Ausläufern des Troodos- und Beşparmak-Gebirges und
verbreitert sich aufs neue in der Region von Güzelyurt, wo ausgedehnte
Plantagen mit Zitrusfrüchten zu finden sind. Der Schriftsteller Lawrence
Durell schreibt in seinem Buch *Bittere Limonen* über die Mesaoria: Sie
„verbindet äußerste Schönheit mit äußerster Häßlichkeit; unfruchtbar,
sandverflucht, leer und im Mondlicht eine unheimliche Einöde; dann, im
Frühjahr übergossen vom vergänglichen Zauber der Anemonen und des
Mohns und kreuzschraffiert mit seidenweicher Vegetation. Nur hier be-
greift man, daß Dinge, die zum äußersten gesteigert werden, in ihr Ge-
genteil umschlagen; die häßlich kahle Mesaoria und die grünende sind so
extrem, daß man sich fragt, ob die Schönheit oder die Häßlichkeit die
größere Macht hat".

# Geologie

Geologisch gesehen ist Zypern eine recht junge Insel. Vor 120 bis 37
Millionen Jahren, zwischen Kreidezeit und Tertiär, hob eine alpine Bewe-
gung zuerst das Troodos-Gebirge aus dem Meer, einige Millionen Jahre

später schoben sich vom kleinasiatischen Festland abgesprengte Teile des Taurus-Gebirges an die entstandene Insel. Ein Vulkan im Troodos-Gebirge ließ Lavamassen zwischen die beiden Gebirge fließen, daraus entstand die Mesaoria. Weitere Erdbewegungen bis vor etwa 2 Millionen Jahren erschafften die Insel in ihrer heutigen Form.

# Geschichte

Die Besiedlung der Insel ist noch nicht exakt geklärt, manche Angaben gehen bis ins siebte vorchristliche Jahrtausend zurück. Die Wissenschaft unterscheidet zwischen den beiden Siedlungsepochen **Neolithikum I (7000-6000 vor Chr.)** und **Neolithikum II (4500-3900 vor Chr.).** Die Lücke zwischen diesen beiden Perioden, aus der keine Fundstücke stammen, konnte noch nicht aufgeklärt werden, die Archäologen tendieren zu der Auffassung, daß in dieser Zeit kriegerische Konflikte oder Naturkatastrophen die Insel heimsuchten.
Bedeutendste Ausgrabungsstätte für die erste kulturelle Epoche ist Khirokitia (im heutigen griechischen Teil), ein jungsteinzeitliches Dorf mit rund 1000 Steinhütten. Den Funden nach zu schließen gab es eine reine Ackerbaukultur mit einem wohl aus dem Orient stammenden Göttinnenkult. Die Toten wurden mit Steinen beschwert und in Hockstellung in den Häusern bestattet.
Die wichtigsten Fundstätten der zweiten Siedlungsperiode wurden im Norden der Insel ausgegraben, von denen die ergiebigste die von Agios Epiktitos Vrysi ( → *Çatalköy*) ist.
Im Chalkolithikum, der **Kupfersteinzeit (3000-2300 vor Chr.),** gab es erste Verwendung des zuerst importierten, dann auch selbst gewonnenen Kupfers für Schmuck. Die Toten wurden nicht mehr im Haus, sondern außerhalb der Dörfer, die aus Rundhäusern bestanden, in Grabkammern bestattet. Die Kultur dieses Zeitabschnitts war nach wie vor mutterrechtlich organisiert, was wohl in den berühmten Aphroditekult späterer Zeit überleitete. Hauptfundort im nördlichen Teil der Insel ist Kythräa ( → *Değirmenlik*) und im Süden Erimi nahe Kolossi, wo man den bisher ältesten Metallgegenstand der Insel fand. Mit dem Festland muß

schon eine rege Handelstätigkeit stattgefunden haben, wie Funde von
Erimi-Keramik im türkischen Tarsos beweisen. Auch lassen sich Ähnlichkeiten mit der Khirbet-Kerak-Keramik Palästinas ausmachen.

Mit der **Frühen Bronzezeit (2300-1850 vor Chr.)** beginnt ein intensiver
Abbau des einheimischen Kupfers. Die Mehrheit der Funde aus dieser
Zeit stammt aus Grabanlagen, die auch auf eine Wandlung des Bestat-
tungskultes schließen lassen. Die Nekropolen bestehen aus Felsengräbern, zu denen lange, schmale Gänge führen. Die bedeutendsten Funde
wurden in der Nekropole von Vounos ( → *Çatalköy)* gemacht. Ein Tonmo-
dell einer Pflügeszene weist auf die Bedeutung des Ackerbaus hin, Stier-
gottheiten werden mit einem Fruchtbarkeitskult verbunden.

Die **Mittlere Bronzezeit (1900-1600 vor Chr.)** ist geprägt durch die
Gründung städtischer Gemeinwesen, deren bedeutendstes im Norden
der Insel Enkomi ( → *Salamis)* war. Erstmals taucht Zypern als das Kup-
ferland „Alashiya" in assyrischen und babylonischen Texten auf. Wieder
ist es Grabinventar, das uns die wirtschaftliche und kulturelle Bedeutung
der Insel zu dieser Zeit erschließt. Asiatische Rollsiegel, ägyptische
Fayenceperlen und minoische Vasen wurden gefunden. Der zuneh-
mende Einfluß aus dem nahen Osten zeigt sich auch an den reichhaltigen
Tonfiguren dieser Epoche. Es kann sein, daß nach der Expansion der
Hethiter syrische Händler verstärkt auf zypriotisches Kupfer angewiesen
waren. Dadurch gelangt die Insel zu relativ großem Reichtum. Parallel
zum wachsenden Wohlstand wächst aber auch die Angst um diesen.
Entweder sind es innerzypriotische Konflikte oder die Völkerwanderung
der Hyksos, die Ägypten, Palästina und Syrien eroberten, die den Bau
von Festungsanlagen wie die von Nitoviklia ( → *Kaleburnu)* veranlassen.

Mit der **Späten Bronzezeit (1650-1050 vor Chr.)** läßt sich erstmals
westlicher Einfluß auf Zypern feststellen. Mit mykenischen Händlern, die
an Stelle der minoischen Kreter traten, taucht ein griechisches Element
auf, das durch eine vermehrte Ansiedlung von Achäern um 1200 vor Chr.
verstärkt wird. Auf diese achäische Kolonisation gehen viele Stadtgrün-
dungsmythen, die mit dem trojanischen Krieg verbunden sind, zurück.
Enkomi wird zum Hauptverarbeitungsort und wichtigsten Ausfuhrhafen
für Kupfer und löst das 15 Kilometer südwestlich liegende Kalopsida
(heute Çayönü) als Machtzentrum ab. Bedeutendster Fund ist der „Ge-

hörnte Gott von Alasia". Überhaupt ist die Epoche gekennzeichnet durch das Übergreifen fremder Mächte, die das Land bis auf wenige Zeitabschnitte nicht mehr loslassen sollen. Städte wurden befestigt, zerstört und wieder aufgebaut, in den Gräbern fand man vermehrt Schwerter und andere Waffen als Grabbeigaben. Um 1500 vor Chr. kam es zur Entwicklung der bis heute nicht entzifferten zyprischen Silbenschrift.

Der Übergang zur **Eisenzeit (1050-750 vor Chr.)** ist gekennzeichnet von Naturkatastrophen. Fast sämtliche Siedlungen der Späten Bronzezeit werden zerstört. Dieser Abschnitt wird nach der Keramik auch „geometrische Periode" genannt. Auf Zypern gibt es einige Königreiche der griechischen Einwanderer, die sich auf der ganzen Insel durchsetzten. Etwa 200 000 Einwohner werden geschätzt. Zugleich gründeten aber auch die Phönizier (aus dem Libanongebiet) Handelsniederlassungen, vor allem brachten sie ein ausgefeiltes Kunsthandwerk und einen bedeutsamen Wirtschaftsaufschwung auf die Insel. Zeitweise fällt Zypern unter die Herrschaft der Assyrer, der Aphroditekult scheint voll entwickelt zu sein. Im darauffolgenden Zeitabschnitt, der *Archaischen Periode (725-475 vor Chr.),* existieren auf der Insel trotz einer fast ununterbrochenen Herrschaft der Perser oder der Ägypter mehrere Königreiche, deren mächtigste die von Salamis, Paphos und Kition waren. Die bedeutendsten Funde aus dieser Zeit sind die Königsgräber von Tamassus, Vouni und Salamis, dazu sehr kunstfertige Tonarbeiten, in denen Menschendarstellungen und Stiermotive hervorstechen. Die *Klassische Periode (475-325 vor Chr.)* ist geprägt vom Kampf der Stadtkönige gegen die Perser, der im Zusammenhang der griechisch-persischen Auseinandersetzungen gesehen werden muß. Der Höhepunkt der griechischen Herrschaft zeigt König Evagoras von Salamis in heroischem, aber vergeblichem Kampf gegen die Perser. Kulturhistorisch ist aus dieser Zeit wenig erhalten geblieben. Die *Hellenistische Zeit (325-58 vor Chr.)* steht unter dem Einfluß der Eroberung des Perserreiches durch Alexander den Großen. Auch Zypern fiel an die hellenistischen Herrscher, die meiste Zeit an die Ptolemäer, die Herren Ägyptens. Ein Statthalter regierte die ganze Insel. Es folgt die *Römische Zeit (58 vor Chr.-326 nach Chr.),* in der die Römer von den Ptolemäern die Insel übernahmen und in die römische Provinz Kilikien an der gegenüberliegenden kleinasiatischen Küste eingliedern. 36 vor Chr. schenkt Cäsar die Insel Kleopatra, aber kurz darauf, 22 vor Chr., erhält Zypern den Status einer senatorischen Provinz. Um Christi Geburt hatte die Insel mehr als doppelt so viele Einwohner wie heute. Einer der ersten römischen Statthalter war der Redner und Philosoph Marcus Tullius Cicero. Der Apostel Paulus unternahm im Jahr 45 eine Missionsreise nach Zypern. Die entsetzten Aphroditejünger banden den Ketzer an eine Säule und peitschten ihn aus. Mehr Erfolg hatte der beharrliche Missionar beim römischen Prokonsul Sergius Paulus, der sich willig bekehren ließ und Zypern damit zum ersten von einem Christen regierten Land machte. Die wichtigsten römischen Funde sind die von Salamis und die Aphrodite von Soli. Eine Serie von schweren Erdbeben zerstörte am Anfang des 4. Jahrhunderts eine Reihe von Bauwerken. Mit der Teilung des römischen Reiches beginnt in Zypern die **Byzantinische Zeit (326-1191).** Das inzwischen vollständig christliche Zypern ist nun politisch von Konstantinopel (Byzanz) abhängig. Kirchlich erlangt es jedoch die Selbständigkeit. Basierend auf den Reliquien des Heiligen Barnabas erreicht der zyprische Erzbischof eine dominierende Stellung. Arabereinfälle zerstörten vom 7.-10. Jahrhundert alle küstennahen Städte, dennoch blieb Zypern ein wichtiger Handelsknotenpunkt. Die aufgegebenen Städte wurden meist landeinwärts neu gegründet. In der Spätphase dieser Epoche erringen die Venezianer erste Stützpunkte. Dies leitet auch die **Herrschaft der Lusignans (1192-1489)** ein. Die Zeit der Kreuzzüge brachte europäische Mächte nach Zypern, unter anderem auch den englischen König Richard Löwenherz, der die Insel von den Byzantinern eroberte und sie zuerst an die Templer verkaufte, dann aber an das französische Geschlecht der Lusignans übergab. Diese führten als Könige von Zypern zwangsweise den römischen Glauben ein und entfalteten eine prächtige Macht, die nur durch rücksichtsloses Ausbeuten der Insel möglich war. Auch Genua und Venedig preßten das Land aus. Die Ritterorden der Templer und Johanniter setzten sich in Zypern fest. Die wichtigsten Bauwerke aus dieser Zeit sind die Kathedralen – jetzt Moscheen – von Gazimağusa und Lefkoşa, die Abtei Bellapais, die Festungsanlagen von Girne, St. Hilarion, Buffavente und Kantara.

Als der Stern der Lusignans langsam zu verblassen beginnt und es der Seerepublik Venedig endlich gelingt, die fette Konkursmasse zu vereinnahmen, behielt die Insel zwar noch 90 Jahre ihre Schlüsselposition zwischen Ost und West. Aber der türkische Eroberungsdrang war unaufhaltsam. 1453 war Konstantinopel gefallen, 1481 hatten sich die Grenzen des osmanischen Reiches im Osten bis nach Armenien und im Westen bis nach Belgrad vorgeschoben. Im August 1571 zogen die türkischen Heere nach einer blutigen Schlacht in Gazimagusa ein. 1573 trat die Republik S.Marco die Insel an das Osmanenreich ab. Das war der Anfang der **Türkischen Herrschaft (1573-1878)**, die damit begann, daß die gotischen Kathedralen in Moscheen umgewandelt wurden.

Von der Bevölkerung wurden die Osmanen begrüßt, denn sie hoben die Leibeigenschaft auf, erlaubten den Bauern, Land zu erwerben und sich frei zu bewegen und garantierten die Religionsfreiheit.

Die Insel wurde zu einer selbständigen osmanischen Provinz, aber trotz der Unterstützung der Hohen Pforte gelang es nicht, die Folgeschäden des Krieges und der venezianischen Ausplünderung zu beheben. Außerdem ging es den osmanischen Statthaltern in erster Linie darum, sich persönlich zu bereichern. Die türkische Bevölkerung, die vom kleinasiatischen Festland angesiedelt worden war, hatte ebenso wie die Griechen unter den hohen Abgaben zu leiden. Es kam zu Massenauswanderungen und Aufständen sowohl der türkischen als auch der griechischen Bevölkerung. 1754 wurde der Erzbischof als geistiges und politisches Oberhaupt der griechischen Bevölkerung anerkannt und erhielt weitreichende Rechte, Privilegien und Befugnisse. Darauf berief sich noch 200 Jahre später der Erzbischof Makarios, als er die politische Führung seines Volkes beanspruchte.

Der Erzbischof war unter anderem auch für die Einziehung der Steuern unter der christlichen Bevölkerung verantwortlich und hatte unter Umgehung der türkischen Verwaltungsbeamten auf der Insel direkten Zugang zum Sultan. Doch die Auflehnung gegen die von Konstantinopel verfügten Steuern nahm kein Ende. Immer wieder kam es zu Aufständen gegen die türkischen Statthalter, was zwangsläufig einen Machtzuwachs für den Erzbischof bedeutete. Anfang des 19. Jahrhunderts regierte dieser die Insel. Dazu kam der durch den griechischen Geheimbund „Philika Hetairaia" nach Zypern getragene Nationalismus, der eine bald unüberwindbare Kluft zwischen den Bevölkerungsteilen schuf.

Der Aufstand der Griechen gegen die Türkische Besatzung in Griechenland 1821 gab dem türkischen Statthalter, der ein übergreifen der Unru-

hen fürchtete, die Gelegenheit, die Macht des Erzbischofs zu beschnei-
den. Am 9. Juli 1821 wurden der Erzbischof Kyprianos und andere
führende Kirchenmänner hingerichtet, und es kam – unterstützt von den
türkischen Ağas, die eine Möglichkeit zur Bereicherung sahen – zu Mas-
sakern unter der christlichen Bevölkerung.

Als Griechenland am 3. Februar 1830 seine Unabhängigkeit erhielt, hoff-
ten auch die Zyprioten darauf. Die Hohe Pforte kam Unruhen zuvor,
indem sie die hohe Steuerlast senkte und die christliche Bevölkerung,
vertreten durch den Erzbischof, zwei oder drei Griechen und je einem
Vertreter der Armenier und Maroniten, an der Verwaltung der Insel betei-
ligte. Diese Rechnung, die zu einer spürbaren Verbesserung der ökono-
mischen, sozialen und politischen Lage führte, ging auch auf. Die Erzbi-
schöfe förderten das Erziehungswesen, während die türkische Bevölkerung laut Captain A.R. Saville „im allgemeinen recht dumm" blieb.

1878 trat das Osmanische Reich als Gegenleistung für die militärische
Unterstützung gegen die Russen am Balkan Zypern an die Engländer ab.
Die **Britische Herrschaft (1878-1960)** begann mit einer Verwaltungsre-
form, die selbst von der türkischen Minderheit auf der Insel begrüßt
wurde. Da aber der Sultan nominell noch die Souveränität über die Insel
behielt und die Briten eine jährliche Pacht von 90 000 Pfund Sterling zu
entrichten hatten, verbesserte sich die ökonomische Situation kaum.
1888 wurde ein Legislativrat gebildet, dem sechs britische Beamte und –
gemäß ihrem Bevölkerungsanteil – drei Vertreter der türkischen Volksgruppe und neun griechische Zyprioten angehörten, gebildet. Der britische Hochkommissar mußte dessen Zustimmung beim Erlassen von
Gesetzen, Verwaltungsvorschriften und Finanzplänen einholen. Die Türken, die sich zunächst benachteiligt fühlten, merkten aber bald, daß auch
die Griechen nur einen Scheinerfolg errungen hatten, denn in der Regel
gab es keine Entscheidung zu deren Gunsten. Stimmten nämlich die
türkischen Vertreter mit den Briten, gab es Stimmengleichheit und der
Hochkommissar hatte die Entscheidung. Unter der griechischen Bevölkerung machte sich Unmut über die britische Verwaltung breit, zumal immer
offensichtlicher wurde, daß England die Insel nicht wie 1863 die Ionischen Inseln an Griechenland abgeben würde. Besonders der Erzbischof, der sich als geistiges und politisches Oberhaupt der griechischen

Bevölkerung fühlte, machte sich für einen Anschluß an Griechenland (Enosis = Vereinigung) stark. 1889 besuchte Erzbischof Sophonios mit einer Delegation England, um seiner Forderung Nachdruck zu verleihen.

Nach dem Tod des Erzbischofs im Mai des Jahres 1900 richtete sich das Streben nach Enosis nicht nur gegen England, sondern führte zu einem innerkirchlichen Streit, der dem Land fast einen Bürgerkrieg bescherte. Die Bischöfe Kyrillos von Kition und Kyrillos von Kyrenia, ersterer Verfechter der Enosis, stritten sich um die Bischofswürde und mobilisierten dafür auch ihre Anhänger. Kyrillos von Kyrenia, der auch von Konstantinopel unterstützt wurde, verzichtete zwar zunächst 1910 auf den Titel, um den kirchlichen Frieden wieder herzustellen, wurde aber im Jahr 1916 nach dem Tod seines Kontrahenten als Kyrillos III. Erzbischof. Darum wurde auch der Vorschlag der britischen Krone abgelehnt, die Insel im Fall eines Kriegseintrittes der Griechen auf seiten der Alliierten an Griechenland abzugeben. Damit war die einmalige historische Chance zur Enosis vertan. 1921 wurden sogar der Journalist N. Katalanos und der Historiker Philios Zannetos, prominente Vertreter des Enosisgedankens, von der Insel verbannt. Im Frieden von Lausanne 1923 wurde Zypern endgültig britische Kronkolonie, und 1927 wurden die Pachtzahlungen an die Türkei eingestellt. Im Oktober 1931 kam es zu einem inselweiten, von der orthodoxen Geistlichkeit angeführten Aufstand. Der Gouverneurspalast wurde niedergebrannt, und im Stadion von Limassol verkündete Nikodemos, der Bischof von Kition, daß sich das zypriotische Volk der Regierung der britischen Besatzung nicht unterwerfen würde und bejahte den Vereinigungswillen seines Volkes mit Griechenland. Daraufhin wurde der gesetzgebende Rat abgeschafft und der Ausnahmezustand erklärt. Obwohl sich die türkische Volksgruppe auf Zypern nicht an dem Aufstand beteiligt hatte, mußte sie gleichermaßen unter dessen Folgen leiden. Öffentlicher Unterricht und Pressefreiheit wurden von den Briten kontrolliert, das Lehren türkischer Geschichte verboten und das Zeigen von Bildern türkischer Nationalhelden an öffentlichen Plätzen unter Strafe gestellt. Nach dem Tod von Erzbischof Kyrillos III. im Jahr 1933 wurde auch die Wahl eines Nachfolgers verboten. 1939 wurde ein Gesetz erlassen, daß der Polizei die Vollmacht gab, jeden in Vorbeugehaft zu nehmen, der auch nur im Verdacht stand, die öffentliche Ordnung zu stören. Auch das Treffen mehrerer Personen war wegen vermeintlicher Konspiration untersagt.

Erst im Verlauf des zweiten Weltkrieges, an dem ca. 30 000 Zyprioten in der britischen Armee teilnahmen, war Großbritannien wieder zu politischen Zugeständnissen bereit, lehnte aber den Anschluß der Insel an Griechenland ab. 1943 wurden in den Distrikthauptstädten Kommunalwahlen zugelassens, und 1947 durfte auch wieder ein Erzbischof gewählt werden. Die Aufhebung der Zensur und die Zulassung politischer Parteien führte zu einer verstärkten Politisierung der Bevölkerung und rückte die Enosis-Frage in den Vordergrund. Am 27. Januar 1950 wurde das Ergebnis einer in den Kirchen des Landes durchgeführten Volksbefragung bekanntgegeben: Von 224 747 abgegebenen Stimmen waren 215 108 – also 96 % – für die Enosis. Zuvor war aber jedem mit Exkommunikation gedroht worden, der nicht für den Anschluß an Griechenland stimmen würde.

Im Oktober 1950 wurde der erst 37jährige Michael Mouskos – bis dahin Bischof von Kition – als Makarios III. Erzbischof von Zypern. Er war ein glühender Verfechter des Enosis-Gedankens, für den er bei der griechischen Regierung und der UNO vorstellig wurde. Nach Besuchen der USA, Großbritanniens und Frankreichs wurde 1954 der Ruf nach Enosis von den Briten unter Strafe gestellt, und am 17. Dezember 1954 lehnte die UNO den an sie gerichteten Appell auf Enosis endgültig ab. Auf der Insel kam es zu Demonstrationen und Aufruhr. Oberst Georghios Grivas, Führer der E.O.K.A. (Epanastatiki Organosis Kypriakou Agonos = Revolutionäre Organisation für den Kampf auf Zypern) rief am 1. April 1955 zur Revolution auf. Es kam zu Anschlägen auf öffentliche Einrichtungen der britischen Besatzungsmacht, die dazu führten, daß der Erzbischof Makarios III. im Frühjahr 1956 mit seinen engsten Vertrauten auf die Seychellen verbannt wurde. Es kam nun auch verstärkt zu Übergriffen der türkischen Zyprioten, die der Forderung nach Enosis „Taksim" – die Teilung der Insel – gegenüberstellten und die Türkische Widerstandsorganisation (T.M.T) gründeten.

E.O.K.A. und T.M.T. bekämpften sich gegenseitig und schreckten auch vor Hinrichtungen von „Verrätern" in den eigenen Reihen nicht zurück. Um die von der Türkei und den Inseltürken geforderte Teilung der Insel zu verhindern, rückten die Regierung in Athen und der am 17. April 1957 aus der Verbannung entlassene Erzbischof Makarios III. von der Forderung nach Enosis ab und verlangten statt dessen die Unabhängigkeit

Zyperns. Die Briten, für die die Insel nach der Suez-Krise ohnehin zu einer Belastung geworden war, erklärten sich im November 1958 zu Verhandlungen bereit. Im Februar 1959 unterschrieben Makarios III. und der Führer der türkischen Volksgruppe Fazil Küçük ein Abkommen, das Briten, Griechen und Türken unter sich ausgehandelt hatten. Es garantierte den Briten die zeitlich unbegrenzten Hoheitsrechte über die heute noch bestehenden Militärbasen Akrotiri und Dekelia und diktierte Zypern eine Verfassung. Danach besitzen der griechisch-zypriotische Präsident und der türkisch-zypriotische Vizepräsident absolutes Vetorecht. Der Ministerrat, der sich aus 7 griechischen und 3 türkischen Ministern zusammensetzt, kann vor dem sogenannten „Hohen Verfassungsgericht", dem ein griechischer, ein türkischer und ein neutraler Vorsitzender angehören, Einspruch erheben. Die gesetzgebende Legislative setzt sich aus 35 griechisch-zypriotischen und 15 türkisch-zypriotischen Mitgliedern zusammen, die von ihren jeweiligen Volksgemeinschaften gewählt werden. Die Verteilung der Stellen im öffentlichen Dienst erfolgt ebenso wie bei Polizei und Feuerwehr im Verhältnis 7:3. Das zu erstellende 2000 Soldaten starke Heer soll zu 60 % aus griechischen Zyprioten und 40 % türkischen Zyprioten bestehen. In den Städten und Dörfern mit gemischter Bevölkerung werden getrennte Gemeindevorstände eingerichtet, die die Belange der jeweiligen Volksgruppe regeln. Grundsätzliche Bedeutung besaß der Artikel 185 der Verfassung, der besagte daß *die vollkommene oder teilweise Vereinigung der Insel mit einem anderen Staat oder die Teilung der Insel . . . ausgeschlossen* sind. Das sollte durch die Mächte Großbritannien, Griechenland und die Türkei garantiert werden. Auf diesen Artikel berief sich auch die Türkei, als sie im Jahr 1974 auf der Insel intervenierte. Zur Unterstützung gegen Angriffe von außen sollen 950 griechische und 650 türkische Soldaten auf der Insel stationiert werden.

## Die Republik Zypern

Am 16. August 1960 kam es zur Proklamation Zyperns als unabhängiger Staat. Damit waren jedoch die inneren Konflikte nicht beseitigt. Die Inselgriechen, die 82 % der Bewohner ausmachten, fühlten sich durch den Verteilungsschlüssel in der Verfassung unterrepräsentiert. Die Enosis-

Anhänger gaben ihre Forderung nach Vereinigung mit Griechenland nicht
auf, Makarios III., inzwischen zum Präsidenten der Republik ernannt, galt
ihnen als Verräter. Doch die Enosis blieb auch ihm ein erstrebenswertes
Ziel. Sein Streben ging dahin, die Verfassung zu ändern, da die Verwaltung
der Städte durch getrennte türkisch-zypriotische und griechisch-zypriotische Organe sich als unpraktisch erwiesen hatte. Außerdem wollte Makarios III. eine Änderung des Schlüssels zur Ämterbesetzung. Den türkischen Zyprioten sollten nur noch 18,5 % der öffentlichen Stellen, entsprechend ihrem Anteil an der Inselbevölkerung, zugestanden werden. Das
aber wollten die türkischen Zyprioten nicht hinnehmen. Die Versuche der
griechischen Politiker, die verfassungsmäßigen Vereinbarungen zu sabo-
tieren, führten zur Eskalation von Gewalt. Kurz vor Weihnachten 1963
fielen die ersten Schüsse. Unter der Führung von Vassos Lyssarides und
Nikos Sampson bildete sich eine griechisch-zypriotische Partisanengrup-
pe, die gegen Inseltürken vorging und am Heiligen Abend in Kücük Kaymaklı, einem Vorort Nicosias, ein Massaker unter den türkischen Zyprioten
anrichtete. Die Führer der türkisch-zypriotischen Volksgruppe zogen sich
aus den Regierungsgeschäften zurück, die ersten Türken verließen ihre
Häuser und verschanzten sich in der Altstadt von Nicosia, vor der die von
der Türkei entsandten 650 Soldaten Stellung bezogen, um die dort lebenden Türken zu schützen. Erneut wurde die Frage nach Enosis oder Taksim
in der Weltöffentlichkeit diskutiert. Ein regelrechter Bürgerkrieg begann
sich abzuzeichnen, und immer mehr Türken zogen sich aus den bisher
gemeinschaftlich bewohnten Dörfern zurück. Es kam zur Enklavenbil-
dung, hinter der die griechisch-zypriotische Seite eine Vorstufe zur Ausru-
fung eines unabhängigen türkischen Staates vermutete. Die Versuche,
durch ökonomische Blockaden und militärische Aktionen die Enklavenbil-
dung zu verhindern, scheiterten am entschlossenen Widerstand der türkischen Bevölkerung, die ihrerseits den griechischen Zyprioten den Zutritt
zu ihren Gebieten erlaubten. In der Zeit bis 1968 sank der Anteil der
türkisch-zypriotischen Bevölkerung am gemeinsamen Bruttosozialpro-
dukt von 18 % auf 11 %. Um in der Hauptstadt die beiden Bevölkerungs-
gruppen zu trennen, wurde eine Pufferzone gebildet, die sogenannte
„Green Line", die zunächst von britischen Truppen kontrolliert wurde.
Von Dezember bis März hatten die türkischen Zyprioten über 1000 Tote,

Verwundete und Vermißte zu beklagen. Am 4. März 1964 entsandte die UNO eine Friedenstruppe, die UNFICYP (United Nations Peace Keeping Forces in Cyprus), die noch heute auf der Insel präsent ist. Trotzdem kam es schon drei Tage später zu erneuten Auseinandersetzungen. Griechische Zyprioten wurden auf dem Markt von Paphos von türkischen Zyprioten angegriffen. Von den Griechen wurden Waffen und Muniton überwiegend über Limassol auf die Insel geschafft. Zu einer neuerlichen Eskalation der Auseinandersetzungen kam es, als im August 1964 griechisch-zypriotische Truppen erfolglos die Hafenstadt Erenköy an der Nordküste angriffen, um die Lieferung von Waffen und Munition vom türkischen Festland zu unterbinden. Zur gleichen Zeit bombardierten türkische Flugzeuge die Stadt Polis und die Dörfer Pachyammos und Pomos. Erst eine Anordnung des Sicherheitsrates und ein Ultimatum Griechenlands an die Türkei führte zur vorübergehenden Einstellung der Feindlichkeiten. Nach dem Militärputsch in Griechenland rückte Makarios III. von dem Ziel der Enosis ab, und auch viele Inselgriechen zogen die Unabhängigkeit dem Leben in einer Militärdiktatur vor. Zudem machte der seit 1967 eingeleitete wirtschaftliche Aufschwung auf der Insel die Idee der Enosis zunehmend unattraktiv. So sahen es die Machthaber in Athen nicht ungern, daß 1971 E.O.K.A.-Führer Oberst Grivas, der inzwischen General geworden war, nach erneutem vierjährigem Exil auf die Insel zurückkehrte und dort die E.O.K.A.B. gründete. Erklärtes Ziel dieser Terrororganisation war die Enosis durch Selbstbestimmung. Makarios III. war es nämlich bei den Präsidentschaftswahlen Anfang 1968 gelungen, trotz Abkehr von der Enosis fast 95 % der abgegebenen Stimmen für sich zu gewinnen. Am 27. Jannuar 1974 starb der General in seinem Versteck in Limassol an Herzversagen. Makarios III. ließ eine Generalamnestie für alle E.O.K.A.B.-Mitglieder verkünden, die aber trotzdem ihre Aktivitäten fortsetzten – unterstützt von der Militärjunta in Griechenland – mit deren Generälen Makarios III. zusehends in Konflikt geriet, weil er die Unabhängigkeit Zyperns vertrat. Griechenland begann damit, Offiziere zur Unterstützung der griechischen Nationalgarde auf die Insel einzuschleusen, und am 15. Juli 1974 lag der Präsidentenpalast in Nicosia unter Beschuß. Makarios III. gelang jedoch die Flucht. Der Verleger Nikos Sampson, der schon 1963 als E.O.K.A.-Kämpfer durch Grausamkeiten gegen türkische Zyprioten bekannt geworden war, übernahm als Marionette Athens das Amt des Präsidenten der Insel. Am Samstag, dem 20. Juli 1974, landeten westlich von Girne türkische Kriegsschiffe, Fallschirmspringer gingen vor Nicosia nieder, und die türkische Luftwaffe bombardierte die Hauptstadt. Bis zum 8. August umfaßte der türkisch besetzte Teil bereits das Dreieck Lapta, Lefkoşa und Çatalköy. Die Griechen belagerten währenddessen Gazımağusa, in den Dörfern Atlilar, Sandallar und Muratağa wurden Hunderte von türkisch-zypriotischen Zivilisten niedergemetzelt und mit Bulldozern in Massengräbern verscharrt. Nachdem Friedensgespräche am 13. August in Genf scheiterten, besetzten die türkischen Truppen innerhalb weniger Tage das gesamte nördliche Drittel der Insel. Das Scheitern der gegen Makarios III. gerichteten Aktion führte dazu, daß die Militärjunta in Athen bereits am 24. Juli 1974 zurücktreten mußte. Im Februar 1975 rief der Führer der türkisch-zypriotischen Volksgruppe Raouf Denktaş einen türkisch-zypriotischen Separatstaat aus. Am 3. August 1977 starb Erzbischof Makarios III. Nachdem drei Jahre später in der Türkei die Regierung Demirel, unter deren Macht Besetzung Zyperns stattfand, durch eine Militärregierung abgelöst wurde, kam es zu erneuten Verhandlungen zwischen Vertretern der griechischen und der türkischen Volksgruppen im Ledra Hotel in Nicosia. Die türkische Seite zeigte sich konzessionsbereit. 31 369 griechisch-zypriotischen Flüchtlingen sollte die Rückkehr ermöglicht werden. Die griechisch-zypriotische Seite beharrte jedoch darauf, daß mindestens 100 000 Flüchtlinge repatriiert und die türkischen Truppen die Insel verlassen sollten. Dieses Ansinnen wurde von Denktaş zurückgewiesen, er erachtete die Anwesenheit der türkischen Soldaten zum Schutz der türkischen Volksgruppe als notwendig. Nachdem die UN mit einer Resolution im Mai 1983 ebenfalls auf Abzug der türkischen Truppen drängte, erklärte Denktaş den besetzten Teil zur „Nordzypriotischen Türkischen Republik" (KKTC = Kuzey Kibris Türkiye Cumhuriyeti). Am 9. Juni 1985 wurde er mit 70,85 % der Stimmen zum Präsidenten Nordzyperns gewählt. 1990 erreichte er bei der letzten Wahl 66,72 % der abgegebenen Stimmen. Einer seiner Konkurrenten, Alpay Durduran, der vehement für eine Wiedervereinigung der Insel eintritt, erlitt mit nur 1,26 % der Stimmen eine deutliche Niederlage.

# Geschwindigkeitsbeschränkung

Die erlaubte Höchstgeschwindigkeit auf den Landstraßen beträgt 80 km/h (50 miles), in den Ortschaften 48 km/h (30 miles). Es ist ratsam, diese Geschwindigkeiten nicht zu überschreiten, zum einen, weil die meisten Straßen so eng sind, daß sie gar keine höhere Geschwindigkeit zulassen, zum anderen, weil viele Touristen, denen das Linksfahren neu und ungewohnt ist, auf der Insel mit Leihwagen unterwegs sind.

**Getränke** → *Essen und Trinken, Wasser*

# Girne (zypr. Kyrenia, griech. Kerynia)

Unbestritten ist Girne die schönste Stadt der ganzen Insel, nicht zuletzt wegen des malerischen Fischerhafens und des reizvollen Hinterlandes. Am Fuße der bizarren Kuppen des Fünffingergebirges gelegen, an dessen unteren Hängen Orangen-, Limonen-, Zitronen- und Johannesbrotbäume wachsen, liegt die Stadt, die noch nicht von monströsen Hotelneubauten verschandelt worden ist. Seit der britischen Kolonialzeit ist Girne auch ein beliebter Aufenthaltsort pensionierter Engländer.

## Girne / **Geschichte**

Die Geschichte der Gegend um Girne reicht bis in neolithische Zeit zurück. Aus der Bronzezeit sind mehrere Fundplätze bekannt. Obsidan- und Keramikfunde belegen mehrere Einwanderungswellen vom anatolischen Festland und der syrisch-libanesischen Küste in vorgeschichtlicher Zeit. Wahrscheinlich gründeten achäische Einwanderer in der Antike das selbständige Stadtkönigtum *Kerynia,* benannt nach dem Berg Kerynia auf dem Peloponnes. Eine andere Version der Gründungsgeschichte gibt an, daß Phönikier, die schon im 10. Jahrhundert vor Chr. an der Nordküste Zyperns bedeutende Handelsniederlassungen hatten, die Stadt gründeten, die sich bis zu ihrer Eroberung durch Salamis im Jahre 312 v. Chr. seine Eigenständigkeit bewahren konnte. Seit Konstantin war die Stadt Bischofssitz. Zwischen dem 7. und 9. Jahrhundert wurde die Stadt mehrmals das Opfer von Piratenüberfällen. Nach der Vertreibung der Araber begannen die Byzantiner, die Stadt zu befestigen. Bedeutung erlangte sie allerdings erst mit der Herrschaft der Lusignans, die Kerynia ebenso wie ihre Nachfolger, die Venezianer, zu ihrem Sitz machten.

Nachdem 1570 Nicosia an die Türken gefallen war, wurde Kyrenia kampflos den osmanischen Truppen übergeben.

## Girne / **Sehenswürdigkeiten**

Das bedeutendste Bauwerk, dessen Geschichte eigentlich die Geschichte der Stadt ist, ist die *Burg,* die den malerischen Fischerhafen beherrscht. In den frühen Jahren der fränkischen Herrschaft spielte die Burg eine sehr wichtige Rolle. Erste Veränderungen der Anlage erfolgten 1233, nach dem Fall von Akko. 1291 wurden der Nord- und Ostflügel vollständig erneuert. 1373 wurden große Teile der Anlage durch die Belagerung der Genuesen beschädigt, diese verstärkten aber die Befestigungen nach der Einnahme. 1560 entstand die Südwestbastion, 1570 wurde die Burg kampflos den osmanischen Truppen übergeben. Den späteren britischen Besatzern diente die Burg als Gefängnis, 1950 wurde sie der Altertümerverwaltung unterstellt. In den Jahren 1963-67 hatte die griechische Nationalgarde in der Burg ihr Hauptquartier. Heute untersteht sie wieder dem Department of Antiquities.

Eine die alte Zugbrücke ersetzende Brücke aus neuerer Zeit führt über den Festungsgraben zum fränkischen Torbau. Bevor man in den Innenhof gelangt, befindet sich zur linken eine kleine Kreuzkuppelkirche aus dem 12. Jahrhundert, die ein Nachfolgebau einer frühchristlichen Kirche ist, wie man an den Marmorsäulen mit den frühbyzantinischen Kapitellen unschwer erkennen kann. Die alte Kirche stand noch außerhalb der Burg und wurde erst von den Venezianern, die den Graben außerhalb der Festung aufschütteten, in die Verteidigungsanlage integriert. Nicht weit von der Kirche führt eine Rampe zum venezianischen Nordwestturm, von dem man einen guten Blick über den Hafen und die Stadt hat. Neben der

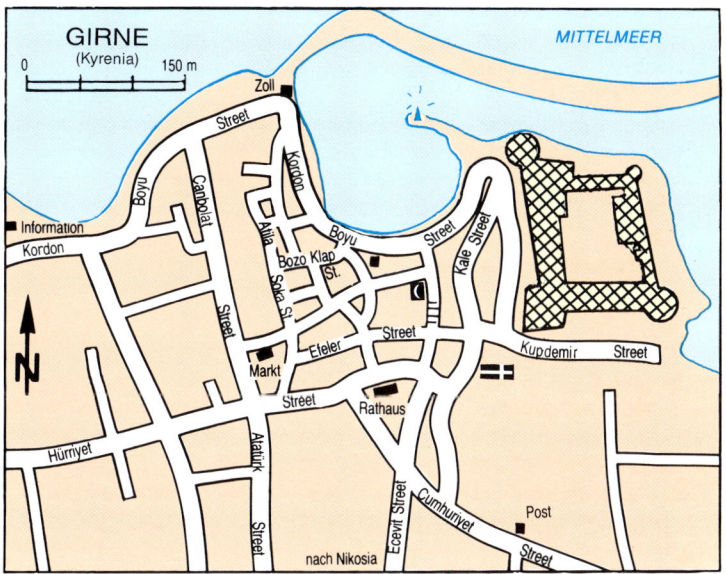

Geschützrampe steht der fränkische Nordwestturm, der zwar schon in byzantinischer Zeit erbaut, aber erst in fränkischer Zeit rechtwinklig ummantelt worden ist. Ebenso dürfte das fränkische Torhaus aus dem 14. Jahrhundert, über dessen Eingang ein Wappen der Lusignans zu sehen ist, eine byzantinische Struktur ersetzt haben. Vor den fränkischen Wachstuben, am Eingang zum Innenhof des Kastells, befindet sich das Grab Sadik Paša's, eines türkischen Admirals, der 1570 bei der Eroberung Zyperns getötet wurde. Das Grab wurde 1975 wiederhergestellt, nachdem das Original ein Jahr zuvor von den griechischen Truppen zerstört worden war. Der Teil der Burganlage, in dem heute die Museumsverwaltung untergebracht ist, stammt, wie aus Teilen des groben Mauerwerks ersichtlich ist, noch aus byzantinischer Zeit. Im obersten, über eine Treppe erreichbaren Stockwerk, befand sich die Burgkapelle, im Mittel-

geschoß lagen die königlichen Wohnräume der Lusignans. Vom Untergeschoß führen Treppen zu den Pulverkammern und Kerkern. In der Südwestecke des Burghofes erkennt man die Reste eines byzantinischen
Rundturms, hinter dem sich ein kleiner Hof verbirgt, in den man durch
eine Passage gelangt. Das Relief mit den drei Löwen, das das innere
Portal verziert, stammt noch aus römischer Zeit. Die 22 Meter breite
Verteidigungsrampe zwischen der äußeren fränkischen und der inneren
byzantinischen Mauer wurde von den Venezianern aufgeschüttet. Die
gegen das Meer gerichtete Nordmauer mit den hohen Zinnen stammt
ebenso wie der Ostflügel, in dem heute das Schiffswrackmuseum
(→Museen) untergebracht ist, aus der Zeit der Lusignans.
Die Burg ist täglich zwischen 7 und 19 Uhr geöffnet.
Noch aus römischer Zeit stammen die *Wellenbrecher,* die man vor dem
Hafen und der Burg sehen kann. Zur Zeit der Lusignans befand sich vor
der Burg ein innerer *Hafen* für kleinere Kriegsschiffe, der von den Venezianern teilweise aufgeschüttet und in einen Burggraben umgebaut wurde. Vom äußeren Hafen, dem heutigen Fischerhafen, gelangte man
durch einen Bogen in den inneren Bereich. Die Hafeneinfahrt konnte mit
einer schweren Eisenkette versperrt werden. Die große Mole und der Kai
wurden erst während der englischen Kolonialzeit angelegt, bis dahin
hatte man die Schiffe einfach an den Strand gezogen. An einem der
Häuser, die damals als Lagerhäuser dienten und heute Restaurants und
ein Hotel beherbergen, kann man noch einen ausgehöhlten Steinblock
sehen. Dort war eine Winde befestigt, mit deren Hilfe die Schiffe an Land
gehievt wurden.
Von der fränkischen *Stadtmauer* existieren noch drei Türme, einer im
Hafen, einer an der Hauptstraße am Basar und einer an der Straße, die
vom Basar zum Hafen führt.
Von der *Aga Cafer Moschee* hört man fünfmal täglich die Stimme des
Muezzin, der zum Gebet ruft. Diese Moschee wurde kurz nach der
Eroberung der Insel durch die Osmanen aus den Ruinen eines veneziani-
schen Palazzos erbaut, wovon noch die Marmorsäulen in ihrem Inneren
stammen. Ihre heutige Gestalt erhielt die Moschee allerdings erst im 19.
Jahrhundert. Sie befindet sich nur ein paar Schritte hinter dem Hafen.
Zwischen der Burg und dem neuen Hafen, der von den Schiffen aus der

Türkei angelaufen wird, liegt die frühchristliche Siedlungs- und Begräbnisstätte *Chriscocava*. An manchen Stellen findet man in den Fels gemeißelte Kreuze. Die Höhlen, die in den in antiker Zeit als Steinbruch genutzten Felsen geschlagen sind, wurden bis ins 10. Jahrhundert als Wohnbzw. Begräbnisstätte genutzt. Der an den Felsen entlangführende Bewässerungskanal stammt aus römischer Zeit.

Am Rand eines grubenartigen Steinbruchs, der heute als Gemüsegarten genutzt wird, ist die *Felskapelle Agia Mavra* mit einem Fresko aus dem 10. Jahrhundert zu sehen.

In einer kleinen Gasse neben dem Hotel Atlantis befinden sich die verschlossenen *byzantinischen Katakomben,* in denen vom 4. bis 11. Jahrhundert Tote bestattet wurden.

# Girne / **Praktische Informationen**

### Ärztliche Versorgung
Das Krankenhaus von Girne befindet sich in der Cumhuriyet Cad. am östlichen Stadtrand an der Straße nach Gazimağusa, Tel. 5 22 66.
Praktischer Arzt: Dr. Hakan Ataker, 101 Kordon Apt. (gegenüber dem Dome Hotel), Tel. 5 20 65.
Dr. Salih Miroğlu, Namık Kemal Cad. 75, Tel. 5 35 77.
Kinderarzt: Dr. Ozgun Soyer, Kordon Boyu Cad. 12A, Tel. 5 22 33.
Zahnarzt: Kuydul Turan, 101 Kordon Apt. (gegenüber dem Dome Hotel), Tel. 5 20 65.
→ *Notruf*

### Autovermietung
Nordzyperns größter Autoverleiher „Oscar" unterhält sein Büro direkt gegenüber dem Dome Hotel, Kordon Boyu, Tel. 5 22 72. Im Dome Hotel befindet sich die Niederlassung der Fa. "Atlantic", Tel. 5 30 53. Am westlichen Eingang zum Yachthafen hat die Fa. „Canlı Balık", Tel. 5 21 82, ihr Büro. Die Wagen sind dort etwas billiger als bei Oscar. „Pacific", Tel. 5 25 08, findet man in der Ecevit Cad. 23. Daneben gibt es in Girne noch mehrere kleine Autoverleihfirmen, die sich zum Teil im Besitz größerer Hotels oder Ferienanlagen befinden. Sie unterscheiden sich lediglich in der Anzahl der Fahrzeuge und Typen → *Autovermietung*

**Baden**

In einem betonierten Badeplateau vor dem Hotel Dome ist ein vom Meer abgetrennter Swimmingpool eingelassen. Auf dem Plateau befinden sich Sonnenliegen, Schirme, Duschen und eine Bar – nicht sehr romantisch, aber praktisch und sehr zentral.

Vor dem etwa 100 m vom Dome Hotel entfernten Rock's Hotel gibt es einen kleinen Swimminpool am Meer.

Den Halk Plajı von Girne, einen schmalen Sandstreifen östlich der Burgmauer, als Strand zu bezeichnen, ist etwas übertrieben. Aus der Dusche, die sich dort befindet, kommt ab und zu sogar etwas Wasser. Schön dagegen ist das kleine Restaurant, das auf den ersten Blick zwar etwas heruntergekommen wirkt, wo man aber sehr gut essen kann.

Ansonsten gibt es in Girne keine Bademöglichkeiten. Die Strände liegen bis zu 15 km westlich und östlich der Stadt und sind nur zum Teil mit öffentlichen Verkehrsmitteln zu erreichen. Da fast alle diese Strände im Bereich von Hotels oder Feriensiedlungen liegen, muß man eine Eintrittsgebühr entrichten.

Vom Fischerhafen veranstaltet der Besitzer des Cafe Teras täglich um 11 Uhr Bootsausflüge, die mit Baden und Tauchen kombiniert sind. Die Fahrt kostet inkl. Essen und zwei Getränken 45 DM. Auskunft unter der Telefonnummer 5 49 18.

→ *Çatalköy, Strände*

**Banken**

Neben neun Banken, die sich zum Teil in der Hauptstraße und in der Hafennähe befinden, gibt es noch zwei autorisierte Wechselbüros, die einen etwas besseren Kurs als die Banken geben. Eine Korrospondenzbank in Deutschland besitzt die „Türkiye İş Bankası" in der Hurriyet Cad. 28 D und die „TC Ziraat Bankası" am Kordon Boyu.

Die autorisierten Wechselbüros sind:

NAFA Döviz, Atatürk Cad., Zafer Pasajı, Ordu Pazarları Karşısı, Tel. 5 41 91, und Orhan H. Kahya Tri-Sun Ltd., Zafer Çarşısı 3 D, Tel. 5 41 81.

*Hafenstadt mit faszinierender Atmosphäre: Girne (Kyrenia)*

**Einkaufen**

Zwischen dem von der Stadtmauer noch erhaltenen Turm in der Hauptstraße und dem Hafen befindet sich das Basarviertel. Entlang der Hauptstraße und in deren Nebenstraße finden sich viele Geschäfte mit Dingen
des täglichen Bedarfs, aber auch viele Läden, die elektronische Artikel
führen. Diese sind in der Regel nicht billiger als in Deutschland, jedoch
preiswerter als in der Türkei. Auf die vielen Türken, die deswegen zum
Shopping auf die Insel kommen, ist das Angebot auch zugeschnitten.
Auffallend sind die vielen Geschäfte mit Tonwaren aus Fernost.

Am westlichen Ortsende befindet sich an der rechten Straßenseite die
Töpferei „Dizayn 74" mit Verkaufsräumen. Fast alle Töpferprodukte, die
man in Nordzypern sieht, werden dort angefertigt.

**Essen und Trinken**

Die meisten Restaurants Nordzyperns, von denen einige auch höheren
Ansprüchen genügen, befinden sich in Girne und Umgebung (→ *Beylerbeyi, Çatalköy, Karaman, Ozanköy*). Die Auflistung der Lokale stellt nur
eine kleine Auswahl dar.

Im Fischerhafen befinden sich eine ganze Reihe von Lokalen. Einen sehr
guten Ruf bei der einheimischen Bevölkerung genießt das Fischlokal „
Set", Tel. 5 23 66. Gleich nebenan befindet sich das Restaurant „Canlı
Balık", Tel. 5 21 82, das für seine Meze bekannt ist. In beiden Lokalen
sollte man einen Tisch reservieren. Im Preis eingeschlossen scheint ein
Zuschlag für die romantische Aussicht zu sein.

Nicht schlecht ist das „Perge Restaurant" in der Altstadt, nicht weit vom
Ikonenmuseum. Es verfügt über eine Terrasse, unter der sich einige
römische Gräber befinden. Das Essen ist türkisch, jedoch mit Kompro-
missen an den europäischen Geschmack.

Gute Fleischgerichte und englisch-zypriotische Küche unter wildem Wein
findet man im „Grapewine", Tel.5 24 96, in der Ecevit Cad., an der Hauptstraße nach Lefkoşa, links neben der 2. Tankstelle. Öffnungszeiten 11-
24 Uhr, außer Sonntag.

Ausgezeichnete, typisch zypriotische Küche mit vielen wohlschmecken-
den Meze zu einem vernünftigen Preis bekommt man im „Restaurant
Lucullus" in der Namik Kemal Cad., Kilise bitişiği. Diese Straße findet
man, wenn man etwa in der Höhe des Telefonamtes von der Hauptstraße

nach Süden abbiegt. Nach etwa 100 m sieht man auf der rechten Seite eine Kirche, neben der sich das Restaurant befindet.

Unbedingt einen Tisch reservieren sollte man im „Dragon House", Cemal Gürsel Cad. 2, Tel. 5 21 30, das neben dem „Hongkong" an der Straße nach Gazimağusa das einzige Chinarestaurant Nordzyperns ist. Sonntags geschlossen.

Das „Tepebaşı", Nurettin Ersin Cad., Tel. 5 23 80, serviert traditionelle türkisch-zypriotische Kebabs. Es gibt nur ein Menü, bestehend aus frischem Salat, einheimischem Käse und Joghurt, gefolgt von 5-6 verschiedenen Grillgerichten und zum Abschluß Obst und türkischen Kaffee. Geöffnet von 18-24 Uhr, außer Dienstag.

An der Straße nach Gazimağusa, ca. 3 km außerhalb von Girne beim Ort Karakum, befindet sich auf der rechten Straßenseite das „Courtyard Inn", Tel. 5 33 43, ein Pub im englischen Stil mit einem Restaurant in einem schönen Innenhof. Gute britische Küche wird von zwei englischen Ehepaaren serviert.

Sehr gute und auch einfallsreiche Küche findet man im „The Veranda", Tel. 5 28 45, in der Şehit Rıdvan Sok. in Karaoğlanoğlu, ein Vorort östlich von Girne. Das Lokal verfügt über eine Terrasse am Meer; österreichisches Bier vom Faß und internationale Küche, manchmal gibt es als Tagesgericht zypriotische Spezialitäten.

## Museen

In der Kirche des Erzengel St. Michael, hinter der ersten Häuserreihe des Fischerhafens, ist seit 1990 ein kleines *Ikonenmuseum* untergebracht. Die Ikonen stammen alle aus Kirchen von Girne und waren in einem Depot in der Burg untergebracht. Von dort scheint man wahllos einige herausgenommen und damit die alten Kirchengemäuer dekoriert zu haben. Das Museum ist täglich von 9-13 Uhr und von 17-19 Uhr geöffnet, Eintritt ca. 2 DM.

Ein altes zypriotisches Haus im Hafen, das beispielhaft die Wohnkultur Zyperns vom 18. bis zum heutigen Jahrhundert widerspiegelt, dient heute als *Heimatmuseum*. Das Erdgeschoß des dreistöckigen Hauses besteht aus einem großen, durch einen spitzen Bogen unterteilten Raum, der als Lagerraum bzw. als Stall diente. Im ersten Stock befinden

sich Ölmühlen, Dreschschlitten, Holzpflüge und andere landwirtschaftliche Geräte sowie Tongefäße und Webstühle – Gegenstände, die im
Alltagsleben der Dorfbevölkerung einst eine wichtige Rolle spielten. Der
zweite Stock besteht aus einem kleinen Wohnzimmer und einer den
ersten mit dem zweiten Stock verbindenden Diele. Im dritten Stock sind
Handarbeiten aus verschiedenen Gegenden Zyperns ausgestellt: Häkel-
arbeiten, mit Silberfäden und bunten Garnen bestickte Stoffe, Bett-,
Tisch- und Kopftücher. Des weiteren befinden sich hier Küchengeräte,
Bettgestelle und zypriotische Trachten.

Das Museum ist aus Personalmangel nur sporadisch geöffnet.

Im Ostflügel der Burg befindet sich das *Schiffswrackmuseum.* Es beherbergt ein griechisches Frachtschiff, das 1965 von einem Schwammtau-
cher 2400 m nordöstlich von Girne in einer Tiefe von 33 m entdeckt
wurde und in den Jahren 1968-69 von amerikanischen Archäologen geborgen wurde. Nachdem auf dem Meeresboden jedes Teil fotografisch
aufgenommen worden war, wurden das Schiff und die Ladung sorgfältig
geborgen. Eine anschließende chemische Behandlung der Planken soll
das Holz vor dem Zerfall bewahren. Eine bis dahin unbekannte antike
Schiffsbauweise war, daß der Schiffsrumpf aus Kiefernholz mit Blei ver-
kleidet war. Als Ladung fand man 40 Weinamphoren von den Inseln
Rhodos und Samos und 29 Getreidemühlen von der Insel Kos, woraus
man schloß, daß das Schiff als Küstensegler entlang der kleinasiatischen
Küste eingesetzt war. Eine Carbon-14 Analyse der im Schiffsrumpf ge-
fundenen Mandeln ermöglichte eine Datierung auf 288 vor Chr., die
Analyse der Schiffsplanken wies auf das Jahr 389 vor Chr. hin. Demnach
war das Schiff vor seinem Untergang etwa 80 Jahre lang im Einsatz. Es
ist das älteste noch erhaltene Schiff aus der Antike.

1982 wurde von amerikanischen und griechischen Wissenschaftlern das
antike Handelsschiff originalgetreu nachgebaut. Es segelte unter dem
Namen Kyrenya II mit einer Ladung von 30 Tonnen von Zypern nach
Rhodos und zurück.

Die Öffnungszeiten des Museums entsprechen denen der Burg.

Am westlichen Stadtrand befindet sich noch das *Museum der Schönen
Künste.* Es beherbergt neben drittklassiger europäischer Malerei Porzel-
lan aus China und Europa. (Täglich außer sonntags 7.30-14 Uhr.)

**Nachtleben**

In Girne gibt es mehrere Kasinos; im Dome Hotel, im Hotel Rock's, am Hafen das Liman Kasino, und an der Straße nach Gazimağusa das Hirondelle. Die Kasinos öffnen um 20 oder 21 Uhr und schließen um 4 Uhr. Gespielt wird an einarmigen Banditen, Black Jack und Roulette. Ein Krawattenzwang besteht nicht, in einigen Kasinos sind aber Blue Jeans nicht gerne gesehen.

Ansonsten spielt sich das Nachtleben im Hafen ab, wo im Cafe Teras und in der Funda Bar öfter Live-Musik gespielt wird.

Ab 22 Uhr sind die Diskotheken in den Hotels Celebrity, Dome und Mare Monte geöffnet. Etwa 1,5 km außerhalb der Stadt und 200 m abseits der Hauptstraße nach Lefkoşa befindet sich der „Girne Music Club", an der Hauptstraße der „Disco Tunnel", an der Kreuzung mit der einzigen Ampel Girnes die Disco „Hot Lips". Gleich am Ortseingang nach Karaoğlanoğlu befindet sich am Meer die Disco „Hippodrome".

**Polizei:** Der Notruf hat die Nummern 5 20 14 oder 5 21 25.

**Post**

Die Telefonvorwahl für Girne ist 0 81. Die Post befindet sich in der Cumhurriyet Cad. östlich vom Zentrum an der Straße nach Gazimağusa, etwa 100 m von der Kreuzung nach Lefkoşa (Nicosia). Gegenüber der Post befindet sich auch das Telefon- und Telegrafenamt.

**Touristeninformation**

Das Büro der Touristeninformation (Tel. 5 21 45) befindet sich im westlichen Bereich des Hafens und ist täglich außer Sonn- und Feiertagen in der Zeit von 8-14 Uhr geöffnet. Es ist von einer englischsprechenden älteren Dame besetzt, die meist mit ihren Freundinnen stickend und plaudernd bei türkischem Mokka ihre Zeit absitzt und regelrecht erstaunt ist, wenn sich einmal ein Auskunft suchender Tourist dorthin verirrt.

**Sport**

*Reiten:* Der Reitclub „Dörtnal" befindet sich am westlichen Ortsrand von Karaoğlanoğlu. Dem Club gehören 8 Pferde, gute Reiter können auch alleine ausreiten. Ansonsten gibt es geführte Touren in die Berge.

Ebenfalls bei Karaoğlanoğlu befindet sich die Reitschule „Tunac". Hier sorgt man für Kinder ebenso wie für erfahrene Reiter, die einen ganztägigen Ausritt in die Berge unternehmen wollen.

*Tauchen:* Einen kompletten Tauchkurs mit internationalem Abschlußzertifikat kann man im Ambelia Holiday-Village, Tel. 0 81/5 36 55 (→*Beylerbeyi*) buchen. Geübt wird zuerst im Swimmingpool der Anlage, danach folgen Tauchgänge vom Boot aus.

*Tennis:* Die Hotels Mare Monte, Tel. 0 82/1 83 10 und Celebrity, Tel 0 82/5 71 05 (→*Lapta*); und die Ferienanlagen Club Olivtree, Tel. 08 41/42 00 und Club Acapulco, Tel. 0 81/5 35 10 (→*beide Çatalköy*) besitzen Tennisplätze, Ausrüstung kann geliehen werden.

*Wandern:* Vor allem die Berge um Girne bieten sich zu ausgedehnten Wanderungen zu jeder Jahreszeit an. Es gibt allerdings keine markierten Wanderwege.

**Unterkunft**

*4-Sterne-Hotels*

Das beste Stadthotel in Girne ist das traditionsreiche „Dome Hotel", Tel.5 24 53. Es besitzt noch viel vom verblichenen Charme der Kolonialzeit. Bademöglichkeit bietet nur eine ins Meer hinausgebaute Betoninsel, in die auch ein Swimmingpool eingelassen ist. Also mehr ein Hotel für die Wintermonate. Die Unterkunft kostet in diesem Hotel, in dem auch ein Kasino untergebracht ist: EZ ab ca. 100 DM, DZ ab ca. 130 DM.

*3-Sterne-Hotels*

Nicht schlecht ist das ganz in Hafennähe liegende „Hotel Liman", Tel 5 20 01, wo ebenfalls ein Kasino untergebracht ist. Die Übernachtung kostet mit Frühstück im EZ ab ca. 60 DM, im DZ ab ca. 75 DM.

An der Hauptstraße oberhalb des Dome Hotel befindet sich das neuerbaute „Hotel Dorana", Tel. 5 35 21. Die Preise sind ungefähr die gleichen wie im Hotel Liman.

In Sichtweite vom Hotel Dome steht das „Rock's Hotel", das auch über einen eigenen Swimmingpool verfügt. Preise wie Hotel Liman.

*2-Sterne-Hotels*

Im Stadtzentrum befinden sich die Hotels „Anadol", Tel. 5 23 19 und „Atlantis", Tel. 5 22 42; in beiden kostet die Übernachtung mit Frühstück im EZ ab ca. 35 DM, im DZ ab ca. 50 DM.

Etwas teurer (EZ ab ca. 50 DM, DZ ab ca. 70 DM) ist das ebenfalls im Stadtzentrum gelegene „Hotel Sokrates", Tel. 5 21 57.

Sehr schön gelegen ist das am Fischerhafen befindliche „Hotel Ergenekon", Tel. 5 22 40, Preis wie Hotel Anadol.

*Nicht vom Ministerium für Tourismus erfaßte Hotels*
Direkt am Hafen – nachts kann es manchmal etwas laut werden, dafür besticht die schöne Aussicht und zentrale Lage – befindet sich „The Kings House", Tel. 5 45 56. Der Eingang ist in der an der Rückseite des Gebäudes befindlichen Eftal Akça Sok. 9. Die Zimmer sind alle mit D/WC ausgestattet, manche haben einen Balkon mit Blick auf den Hafen. Mit Frühstück kostet die Übernachtung im EZ ab ca. 30 DM, im DZ ab ca. 45 DM.

In der Canbolat Sok. 25, das ist eine Nebenstraße vom Hafen zur Hauptstraße, befindet sich die „Kanguru Pansiyon", Tel. 5 45 87, der auch ein kleines Restaurant angeschlossen ist. Die Zimmer sind sauber und verfügen über Dusche und WC, die Übernachtung kostet mit Frühstück im EZ ab ca. 15 DM, im DZ ab ca. 20 DM.

Sehr schön sind auch die Zimmer, die dem Restaurant Lucullus angeschlossen sind. Neueröffnung 1991, noch kein Telefon, DZ mit Frühstück 40 DM. Adresse → Essen und Trinken.

Etwas außerhalb von Girne an der Straße nach Gazımağusa liegt in einem verwilderten Garten das „Courtyard Inn", Tel 5 33 43, das von zwei englischen Ehepaaren geführt wird. Übernachtung mit Frühstück pro Person ca. 40 DM.

**Verkehrsverbindungen**
*Mit dem Bus:* Der Busbahnhof befindet sich am südlichen Stadtrand rechts von der Straße nach Lefkoşa. Von der Kreuzung Çumhuriyet Cad./Ecevit Cad. (das ist die Kreuzung mit der einzigen Verkehrsampel in Girne) fahren regelmäßig Zubringerbusse dorthin. Von dort hat man laufend Verbindungen nach Lefkoša, Gazımağusa und Yeşilyurt.

*Mit dem Schiff:* Vom neuen Hafen (Turizm Limani) am östlichen Stadtrand von Girne fahren regelmäßig mehrere Fähren nach Tašucu (Türkei), die auch Autos befördern. (→*Fährverbindungen*).

*Mit dem Flugzeug:* Vom Flughafen Ercan regelmäßige Flugverbindungen mit mehreren Flughäfen in der Türkei (→*Flugverbindungen*).

*Die Adressen der verschiedenen Fluggesellschaften in Girne:*
Cyprus Turkish Airlines, Phelesia Court 3, Kordon Boyu, Tel. 5 25 13.
Istanbul Airlines, Roots Tour, Kurtuluš Cad., Nergiz Apt. Daire 3, Tel. 5 34 13.

**Zeitungen** (deutschsprachig)

Eine ganze Menge Zeitungen und Magazine führt „Hazım Remzi Ldt." in der Girne Cad. 15-17. Das ist die Hauptstraße, wenn man nach Girne hineinkommt.

## Girne / **Umgebung**

→*Beylerbeyi, Buffavento, Çatalköy, Esentepe, Karaman, Lapta, Ilgaz, Ozanköy, St. Hilarion*

# Gold

Für die einheimische Bevölkerung stellt Goldschmuck eher eine Kapitalanlage als ein Prestigeobjekt dar. Von Generation zu Generation vererbt ist Gold ein wichtiger Bestandteil der Aussteuer und des Brautgeschenks. Der Goldpreis ist zwar in Nordzypern nicht niedriger als anderswo in der Welt, aber die Arbeitskraft des Goldschmiedes wird sehr niedrig bewertet. Dadurch ist es möglich, kunstvolle Schmuckstücke um vieles günstiger als in Europa zu erwerben. Verkauft wird Goldschmuck nach Gewicht. Der jeweils aktuelle Goldpreis ist bei den meisten Juwelieren im Schaufenster ausgehängt. Dazu wird noch eine bestimmte Summe für den Arbeitslohn aufgeschlagen. Auf keinen Fall jedoch sollte man für die einfachen Armreifen aus Gold, die in jedem Schaufenster hängen, Arbeitslohn bezahlen, da diese meist nicht handgefertigt, sondern einfach gegossen sind.

## Güzelyurt (griech. Morphou)

Die Kleinstadt Güzelyurt (türk. = schönes Land) ist das landwirtschaftliche Zentrum im westlichen Teil der Mesoriaebene. Einst hatten hier fränkische Adelsfamilien große Zucker- und Baumwollplantagen, heute werden hier Zitrusfrüchte, Gemüse, Melonen und Getreide angebaut. Die Zitrusfrüchte werden zum Teil exportiert, zum Teil in modernen Fabriken zu Saft verarbeitet.

# Güzelyurt / **Geschichte**

Durch die nahegelegenen Kupferminen und die windgeschützte Bucht gehört die Gegend von Güzelyurt zu den bedeutendsten Kulturräumen der Insel. Die Siedlungsgeschichte des Gebietes reicht bis ins Neolithikum zurück. Während der Bronzezeit entstanden erste ökonomische und städtische Zentren, in denen Kupfer abgebaut, verarbeitet und exportiert wurde. Auf eine Besiedlung der Gegend durch Siedler vom anatolischen Festland weisen Funde, die Ähnlichkeit mit westanatolischen Produkten aus der Zeit um 2300 v. Chr. haben.

# Güzelyurt / **Sehenswürdigkeiten**

Nicht weit von der neuen Moschee befindet sich die *Klosterkirche des Agios Mamas,* unter deren Mauern sich einst ein Aphrodite-Tempel befand. Der überkuppelte, dreischiffige Bau stammt in seiner heutigen

*Machen Autofahrern oft zu schaffen: die überall präsenten Schafe*

Form aus dem frühen 18. Jahrhundert, man kann aber noch verschiedene Bau- und Konstruktionselemente des Vorgängerbaus, einer im gotisch-byzantinischen Kompositstil erbauten Kirche aus dem 15. Jahrhundert erkennen; so z.B. das Nordportal und die Kapitelle der Säulen des Kirchenschiffes.

In der Grabnische, in der sich der Sarkophag mit einer Relique des Hl. Mamas befindet, ist ein Tafelbild angebracht, das aus vielen kleinen Ikonen besteht, die die Lebensgeschichte des Heiligen erzählen. An dem in dieser Nische stehenden Sarkophag befindet sich eine Öffnung, aus der eine Flüssigkeit austreten soll. Pierre de Lusignan erzählt in seiner „Geschichte Cyperns", daß „aus dem Grab eine sehr süße Flüssigkeit" (hervortritt), „selbiger Saft hat eine wunderbare Wirkung gegen Stürme und alle Arten von Krankheiten". Allerdings soll dieser Saft in Schlafzimmern oder bei Personen, die sich körperlicher Liebe hingeben, sofort seine Wirkung verlieren.

Der französische Forscher Enlart, der Zypern Ende des vorigen Jahrhunderts besuchte, beobachtete einen Mönch, der in das Loch, aus dem die Gläubigen die Flüssigkeit abschöpften, einen Eimer Wasser leerte. Das Motiv des „schwitzenden Steins" war in der byzantinischen Kirchenwelt sehr beliebt.

Um die Person des Hl. Mamas, der der zypriotische Heilige schlechthin ist, ranken sich viele Legenden. Der Hl. Mamas lebte als Einsiedler in einer Höhle bei Güzelyurt, und meinte, da er am öffentlichen Leben nicht teilnahm, auch keine Steuern bezahlen zu müssen. Die Obrigkeit in Nicosia zitierte ihn schließlich in die Hauptstadt. Auf dem Weg dorthin sah er einen Löwen, der ein Lamm anfiel. Er nahm das Lamm auf den Arm, besänftigte den Löwen und ritt auf ihm zum Amtssitz des Statthalters. Dieser war darüber so erstaunt, daß er dem Heiligen fortan alle Steuern erließ. Der Hl. Mamas gilt als der Schutzpatron der Tiere und Steuerhinterzieher.

# Güzelyurt / **Praktische Informationen**

**Ärztliche Versorgung:** Das Krankenhaus in Güzelyurt hat die Telefonnummer 4 21 25.

**Autovermietung**

„Özdeş", Ecevit Cad. 21, Tel. 4 27 65.

„Pacific", Ecevit Cad, Tel 4 22 25.

„Şişman", Alemdar Sok., 4 33 26.

**Banken:** In Güzelyurt gibt es acht Banken.

**Museum**

Im ehemaligen Sitz des orthodoxen Bischofs wurde auf zwei Etagen ein kleines Museum eingerichtet. Im unteren Stockwerk befindet sich die naturhistorische Abteilung mit ausgestopften Tieren, darunter auch eine seltene Mißgeburt eines dreiköpfigen Schafes. Früher gehörten diese Objekte zur Privatsammlung eines in den Westteil geflohenen Griechen.

Im Obergeschoß ist eine archäologische Sammlung mit Steinobjekten aus dem Neolithikum, Funde aus Toumba tou Skourou (→ *Umgebung*) und Terrakottafiguren aus der archaischen Zeit untergebracht. Das bedeutendste Objekt ist eine Statuette der Artemis aus dem 2. Jahrhundert, die 1980 im Meer bei Salamis gefunden wurde. Der Oberkörper ist mit einer Halskette und länglich runden Gebilden versehen, die als Brüste interpretiert wurden. Nach neuerer Forschermeinung handelt es sich jedoch um Hodensäcke von Stieren. Neben dem Sockel der Statue befinden sich Fragmente von Plastiken, die Hirsche darstellen und die Göttin als „Herrin der Tiere" ausweisen.

**Polizei:** Tel. 4 21 40 oder 4 21 41.

**Post:** Das Postamt befindet sich in der Kurtuluş Sokak, die Ortsvorwahl von Güzelyurt ist 0 71.

**Unterkunft:** Das einfache Hotel „Güzelyurt", Tel. 4 34 12, liegt im Stadtzentrum. EZ ab ca. 25 DM, DZ ab ca. 40 DM, mit Frühstück.

# Güzelyurt / **Umgebung**

**Toumba tou Skourou**

Ca. 3 km nördlich von Güzelyurt zweigt von der Hauptstraße, die über Camlıbel nach Girne führt, hinter einer Brücke ein Feldweg ab. Nach ca. 800 m erreicht man ein alleinstehendes Haus, dort biegt man rechts ab und erreicht kurz darauf die Ausgrabungsstätte Toumba tou Skourou. In der mittleren und frühen Bronzezeit befand sich hier ein bedeutendes städtisches Zentrum, in dem Kupfer abgebaut und verarbeitet wurde. Außer den Grundmauern von Häusern und einigen Grabkammern ist jedoch nicht viel zu sehen. Ein Besuch lohnt sich wirklich nur für den archäologisch Interessierten.

### Akdeniz (griech. Agia Irini)

Nördlich von Güzelyurt, am Ortsanfang der Ortschaft Tepebaşı (griech. Dhiorios), zweigt eine Straße in westlicher Richtung nach Akdeniz ab, wo sich in der Nähe der am Ortsrand befindlichen Kirche die Ausgrabungsstätte befindet. Zwischen 1970 und 1974 legten hier italienische Archäologen einige Häuser aus der hellenistisch-römischen Zeit, Teile der Stadtmauer und Gräber frei, die bis in die späte Bronzezeit datieren.

Schwedische Ausgräber entdeckten ein 50 x 40 m großes Temenos (→ Fachbegriffe). In seinem Zentrum fand man eine Feuerstelle, eine tischartige Platte, Steinwerkzeuge und große Schalen. Die über 2000 Groß- und Kleinterrakotten aus archaischer Zeit stehen heute im Zypernmuseum in Nicosia.

### Çamlıbel (griech. Myrthou)

Die Ortschaft befindet sich ca. 20 km nördlich von Güzelyurt an der Hauptstraße nach Girne. Das aus dem 18. Jahrhundert stammende Kloster geht auf einen Vorläuferbau aus dem 16. Jahrhundert zurück und ist dem Hl. Panteleimon, dem Schutzpatron der Ärzte, geweiht.

Von Çamlıbel führt eine Hauptstraße nach Lefkoşa, von der ca. einen Kilometer hinter dem Ort ein Weg nach rechts zum Heiligtum von *Myrthou – Pigades* abzweigt. Inmitten eines bronzezeitlichen Temenos steht ein Altar aus Kalksteinquadern, den die englische Archäologin Pat Taylor 1952 entdeckt und wieder aufgebaut hat. Oben auf dem Altar befinden sich Stierhörner, eine bisher auf Zypern noch nicht entdeckte Besonderheit. Sie verweisen auf die neolithischen und bronzezeitlichen Kulturen Anatoliens (Çatal Hüyük).

→ *Koruçam, Lefke, Soli, Vouni*

# Handeln

Zwar ist Nordzypern in vieler Hinsicht ein orientalisches Land, aber was das Handeln betrifft, sehr europäisch. Die angeschriebenen Preise sind

Festpreise. Nachlaß gewähren Händler nur dann, wenn man anbietet, anstatt mit der Kreditkarte bar zu bezahlen. In diesem Fall kann man 5-10 % Preisnachlaß herausschlagen.

→ *Einkaufen*

# Ilgaz

Westlich von Karaman, durch einen Bergrücken getrennt, befindet sich das Dorf Ilgaz. Es hat ein ähnliches Schicksal wie → *Karaman*, nur mit dem Unterschied, daß in den dort befindlichen renovierten Häusern Türken und Ausländer nebeneinander wohnen. In Karaman lebt nur eine! türkische Familie. Man erreicht das Dorf, wenn man zwischen Karaoğlanoğlu und Alsancak links abbiegt.

In Ilgaz hat ein Engländer eine Bar eröffnet. Seit 1991 vermietet er auch 2 Zimmer als Ferienwohnung. Die Räume sind mit einer Klimaanlage ausgestattet und kosten für 1 Person ca. 150 DM, für 2 Personen ca. 210 DM pro Woche.

„Flintstones Bar", P.O. Box 545, Girne, Mersin 10, Türkei.

# Impfungen

Reisende, die direkt von Mitteleuropa nach Nordzypern kommen, brauchen keine Pflichtimpfungen vornehmen zu lassen.

Man sollte jedoch vor der Abreise einmal seinen Impfpaß zur Hand nehmen und mit dem Hausarzt beraten, welche Standardimpfungen aufgefrischt werden müssen. Das gilt vor allem für Impfungen gegen: Wundstarrkrampf (Tetanus), Kinderlähmung (Polio) und Tuberkulose (Tbc).

Das Infektionsrisiko ist besonders bei den ersten beiden Krankheiten relativ hoch.

→ *Ärztliche Versorgung, Reiseapotheke, Wasser*

# Iskele (griech. Trikomo)

Etwa 19 km nördlich von →*Salamis,* abseits der Straße nach →*Boğaz,* liegt der kleine Ort Iskele, auf der Insel bekannt als der Geburtsort von General Grivas, dem Führer der EOKA ( →*(Geschichte).* In der Mitte des Dorfes befindet sich eine kleine Kreuzkuppelkirche aus dem 15. Jahrhundert Diese Kirche diente einst der rumänischen Königin Maria als Vorbild für ihre Privatkapelle am Schwarzen Meer.

Nicht weit von dieser Kirche steht eine einschiffige Kuppelkirche aus dem 12. Jahrhundert, die der Hl. Jungfrau der Gottesgebärerin (Panagia Theodokos) geweiht ist. Berühmt sind die byzantinisch beeinflußten Fresken in ihrem Inneren, die aus dem 12. Jahrhundert stammen.

# Kaleburnu

Der kleine Ort Kaleburnu befindet sich an der Nebenstraße, die von Yeni Erenköy nach Dipkarpaz führt. Letztere Strecke ist allerdings nur mit einem geländegängigen Fahrzeug zu bewältigen. In Kaleburnu, dessen Einwohner schon immer türkische Zyprioten waren, gibt es ein kleines Restaurant, das „Gül Restaurant", in dem man sehr gut und preiswert essen kann.

Von Kaleburnu führt ein Feldweg entlang der Küste nach Taşlıca. Dort, wo der meist ausgetrocknete Bach ins Meer mündet, befinden sich auf einem Felsplateau, das steil ins Meer abfällt, die Ruinen von *Nitovikla,* einer Festung aus der mittleren Bronzezeit. Die Wissenschaftler sind sich uneinig darüber, ob die Festung zum Schutz der Bevölkerung gegen Angreifer vom Meer oder wegen innerzypriotischer Konflikte gebaut wurde. Von der Struktur und Bauweise sind Ähnlichkeiten mit der hethitischen Festung Boğazköy in der Türkei festzustellen.

Man kann die Festung auch von Kuruova *(griech. Korovia)* erreichen.
→*Strände*

# Kantara

Nördlich des Dorfes Boğaz befindet sich die Siedlung Kantara, wo es neben einem netten Restaurant mit schattigem Garten auch ein kleines Hotel gibt. Im „Kantara Motel", Tel. 0 36/6 73 02, kostet die Übernachtung pro Person in der Zeit von Juni bis September ca. 30 DM, in der restlichen Zeit 25 % weniger.

Im Mittelalter befand sich im Dorf das *Kloster Kanatiotissa,* das eine Bastion des orthodoxen Widerstandes gegen die römisch-katholische Kirche war.

Wesentlich bekannter als das Kloster ist jedoch die oberhalb des Dorfes gelegene *Burg Kantara,* die östlichste der drei Burgen ( → *Buffavento, St. Hilarion)* auf den Gipfeln des Beşparmak-Gebirges. Wie um die beiden anderen Burgen rankt auch um diese Burg die Sage vom 101. Zimmer. Angeblich soll derjenige, der das 101. Zimmer findet, in einem Paradiesgarten verschwinden.

Von einem 640 m hohen knolligen Felsen, der sich bizarr aus der hier eher sanft geschwungenen Berglandschaft abhebt, überwacht die Burg nicht nur die Nordküste, sondern auch die Südküste vom Kap Andreas bis Gazimağusa. Mit der Burg Buffavento bestand Sichtkontakt. Als byzantinischer Wachtposten gegen die noch immer drohende Arabergefahr wurde sie im 10. Jahrhundert errichtet und von den Lusignans im 12. Jahrhundert verstärkt. Erstmals findet die Burg im Zusammenhang mit der Eroberung der Insel durch die Kreuzritter Erwähnung. Im Jahre 1191 hatte hier der König Isaak Komnenos vor den Truppen Richard Löwenherz Schutz gesucht. 1228 eroberten Anhänger Friedrich II. die Burg, konnte aber nach mehrmonatiger Belagerung zurückerobert werden. Nachdem 1373 die Genuesen Nicosia und Famagusta erobert hatten, zogen sich die königstreuen Truppen unter Peter II. nach Kantara zurück, Jaques I. verstärkte 1391 sogar noch die Anlage. Kurz nachdem die Lusignans die Insel endgültig verlassen hatten und die Herrschaft auf die Venezianer übergangen war, wurde die Burg geschliffen, da sich die neuen Machthaber verstärkt um den Ausbau der Hafenfestungen von Famagusta konzentrierten.

Man erreicht den Haupteingang, der von zwei zerfallenen rechteckigen Türmen flankiert wird, über mehrere Treppen und Serpentinen vom Park-

*Viele Legenden ranken sich um die Burg Kantara, die sich auf den Gipfeln des Beşparmak-Gebirges erhebt*

platz aus. Zwei mächtige, gut erhaltene Türme schützen den zwischen Vor- und Hauptmauer gelegenen Zwinger. Im linkerhand gelegenen Südostturm befindet sich ein rechteckiger Raum mit Kreuzgewölbe, der zur Zeit der Kreuzritter als Gefängnis genutzt wurde. In den drei anschließenden gewölbten Räumen mit den Schießscharten hielten sich einst die Ritter auf. Der Pfad führt weiter in südlicher Richtung zu einer hufeisenförmigen Zisterne, vorbei an einem in Trümmern liegenden Turm in die Südwestecke der Burg. Dort befindet sich ein weiterer Gebäudekomplex mit fünf gewölbten Kammern, dessen südlichste über einen Notausgang verfügt. Vom byzantinischen Nordwestteil der Burg ist nur wenig erhalten. Den höchsten Punkt der Burganlage nimmt ein Wachturm ein, der dem Austausch von Signalen mit der weiter westlich liegenden Burg Buffavento diente.

# Karaman (Karmi)

Das Bergdorf Karaman liegt südlich von Karaoğlanoğlu, einem westlichen Vorort Girnes. Der Name geht auf einen Karmeliterorden zurück, in dessen Besitz sich das Dorf und seine Bewohner im Mittelalter befanden. Auch nach der Abschaffung der Leibeigenschaft durch die Osmanen kam das Bergdorf nicht zu Wohlstand, seine Einwohner suchten sich Arbeit an der Küste. In diesem Jahrhundert wurde Karaman vollends zu einem sterbenden Dorf, weil die jungen Leute es vorzogen, sich gleich in den größeren Städten der Insel niederzulassen. Die letzten – griechischen – Bewohner verließen 1974 das Dorf. Einem Projekt des Ministeriums für Tourismus ist es zu verdanken, daß das fast völlig verfallene Dorf wieder vollständig aufgebaut wurde. Engländer, Deutsche, Franzosen und andere Ausländer haben sich einen Ferien- oder Altersruhesitz eingerichtet. Die meisten haben Hausruinen gepachtet, die de jure noch immer griechischen Zyprioten gehören. Die türkisch-zypriotische Regierung hat sie ihnen auf einen Zeitraum von 5-25 Jahren für einen minimalen Pachtzins mit der Auflage überlassen, sie zu renovieren und instandzuhalten. In letzter Zeit werden aber auch viele Häuser gebaut, die man käuflich erwerben kann. Ohne diese Maßnahme der Regierung würde der Ort wie das nur durch einen Bergrücken getrennte, westlich liegende Dorf Ilgaz (→*Umgebung)* aussehen, in dem jedes zweite Haus eine Ruine ist.

## Karaman / **Praktische Informationen**

### Ausgrabungen

1960 legten australische Archäologen die *Nekropole von Karmi* frei. Man erreicht sie, wenn man von der Straße, die von Karaoğlanoğlu nach Karaman führt, hinter dem Dorf Edremit *(griech. Trimithi)* links in den Feldweg abbiegt. Die Nekropole, romantisch zwischen Pinien gelegen, stammt aus der Mittleren Bronzezeit. Die Fassaden der Grabkammern sind zum Teil mit aus den Felsen geschnittenen Säulen dekoriert. In den engen, zum Teil übereinanderliegenden Grabkammern, die um einen schachtartigen Zugang zu einem Kuppelgrab gruppiert sind, wurden eine blaue ägyptische Fayence-Perle und eine minoische Schale gefunden, die die ersten Handelsbeziehungen Zyperns mit Ägypten und dem minoischen Kreta dokumentieren. Im Eingang zu einem anderen Kuppelgrab fanden die Ausgräber das Relief einer weiblichen Figur, das auf ganz Zypern einzigartig ist. Es zeigt eine Fruchtbarkeitsgöttin, die die Regeneration des tierischen, pflanzlichen und menschlichen Lebens gewährleisten sollte.

**Essen und Trinken**

Im „Levante", einem kleinen Restaurant mit Terrasse bekommt man eine Mischung aus feiner europäisch-orientalischer Küche serviert.

Im „Treasure", das am Ortseingang von Karaman in einer alten Schule untergebracht ist, gibt es gute europäische und zypriotische Küche. Hier allein wird auch „Muluhiya" serviert, ein an Grünkohl erinnernder Eintopf, den man nur auf Zypern und in Ägypten kennt. Von der Terrasse des Treasure hat man eine herrliche Aussicht auf die Küste.

Typisch englische Gerichte werden im „Crow's Nest", einem englischen Pub serviert, in dem jeden Sonntag Dart-Wettbewerbe veranstaltet werden. Für Unterhaltung am Abend wird in der Bar „Spot" gesorgt.

**Unterkunft**

Ferienwohnungen in den renovierten Häusern von Karaman werden von einigen Reiseveranstaltern angeboten.

→*Unterkunft*

**Wanderungen**

Ausgangspunkt für die Wanderung zur Burg →St. Hilarion ist das Treasure Restaurant am Ortseingang von Karaman. Zunächst wandert man auf einem Feldweg, dann steigt man auf Eselspfaden stetig bergan. Da die Burgruine dauernd im Blickfeld ist, kann man sich eigentlich nicht verlaufen.

Eine andere schöne Wanderung führt in das hinter einem Bergrücken im Westen liegende Dorf →Ilgaz. Man läßt in diesem Fall die Kirche einfach rechts liegen und folgt der Straße, die an den oberen Dorfrand führt. Von dort folgt man der Schotterstraße, die in westlicher Richtung unterhalb der Felsabstürze des Beşparmak-Gebirges führt. Wenn man von Ilgaz weitergeht, erreicht man kurz vor Malatya einen kleinen Wasserfall. Von dort ist es nicht mehr weit nach Alsancak oder Yeşiltepe, von wo man per Bus oder Taxi zurückfahren kann.

**Karavostasi** → *Gemikonağı*

# Karpas-Halbinsel

Im Altertum wurde die Form der Insel Zypern oft mit einem ausgebreite-
ten Vlies, einer Hirschhaut oder einer Schildkröte verglichen, deren ver-
längerter Kopf die Karpas-Halbinsel bildet. In jüngerer Zeit findet man
öfter den Vergleich mit einer Bratpfanne, deren Stiel die Halbinsel dar-
stellt.
Touristisch gesehen befindet sich dieser Teil der Insel noch im Dornrös-
chenschlaf, aus dem sie wahrscheinlich auch in den nächsten Jahren
nicht erwachen wird. In römischer und griechischer Zeit war die Insel
dicht besiedelt und wohlhabend, von den drei Städten, die der Geograph
Strabo nennt, konnte allerdings nur Carpasia (→ *Dipkarpaz)* identifiziert
werden.
Einst bedeckten dichte Wälder große Teile der Halbinsel, sie fielen aber
dem Schiffsbau und der Landwirtschaft zum Opfer. Überaus zahlreich
sind auch die Überreste von Tempeln, Gräbern und Kirchen, von denen
viele noch unentdeckt sind oder auf ihre genauere Erforschung warten.
Heute ist die Region, die im fränkischen Mittelalter eine der größten
Baronien im Königreich war, eher dünn besiedelt und arm. Die meisten
Festlandtürken, die nach 1974 auf der Insel angesiedelt worden sind,
leben dort. Im östlichsten Zipfel hinter der Ortschaft → Dipkarpaz ist die
Einrichtung eines Nationalparkes geplant.
→ *Boltaşlı, Dipkarpaz, Iskele, Kaleburnu, Kantara, Sazlıköy, Yeni Erenköy*

# Karten

Die in der Bundesrepublik Deutschland erhältlichen Landkarten führen
nur die griechischen Orts- und Städtenamen – sind also praktisch wert-
los. Eine sehr detaillierte Karte im Maßstab 1:333 000, auf der auch alle
Tankstellen und historischen Orte eingezeichnet sind, ist die „KIBRIS
Touristik Kara Yolları Haritası", die man bei den Touristeninformations-

büros, in Hotels und bei den Autoverleihfirmen bekommt. Diese Karte ist sogar als Wanderkarte bedingt tauglich.

**Kazaphanie**  → *Ozanköy*
**Kerynia**  → *Girne*

# Kinder

Kinder sind stets gern gesehen, ob im Restaurant, im Hotel oder im Bus. Immer wird man ein Lächeln für Ihr Kind übrig haben. So z. B. in den Restaurants, wo es weder Kinderstühle noch Kindermenüs gibt, wo aber Ihr Kind gleichermaßen respektiert und beachtet wird. So stört sich auch niemand daran, wenn die Tischdecke verschmutzt wird oder die Kleinen einfach im Restaurant herumtollen.

# Kleidung

Wer in den Sommermonaten nach Nordzypern fährt, kann warme Kleidungsstücke beruhigt im Kleiderschrank lassen. Eine leichte Kopfbedeckung als Sonnenschuz ist empfehlenswert.
In der Zeit von November bis April sollten ein dicker Pullover, eine Windjacke und lange Hosen im Gepäck nicht fehlen, weil das Thermometer am Abend und in der Nacht um einige Grad fällt.
→ *Klima, Verhalten*

# Klima

Auf Zypern herrscht typisch mediterranes Klima. Dies bedeutet, daß lange, heiße und trockene Sommermonate mit milden Wintermonaten wechseln. Die Hauptniederschlagszeit sind die Wintermonate.

*Hier steckt der Tourismus noch in den Kinderschuhen: die Karpas-Halbinsel*

Die Hotelbesitzer und die Fremdenverkehrsprospekte werben in Anzeigen mit 340 Sonnentagen im Jahr, während die Wetterstatistik jedoch 55 Regentage jährlich aufzählt.

Sonnensicher sind auf jeden Fall die Monate Mai bis Oktober, der April kann sich auf Zypern genauso wechselhaft gebärden wie in Mitteleuropa. Mit Regen muß man in der übrigen Zeit rechnen, wobei die Hauptniederschlagsmenge in den Monaten Dezember und Januar fällt. Es können jedoch von Jahr zu Jahr große Unterschiede auftreten: Während im Durchschnitt 500 mm pro Jahr gemessen werden, kann sich diese Menge in feuchten Jahren auf 760 mm erhöhen, in trockenen Jahren dagegen auf 182 mm verringern.

Die Temperaturen sind von Region zu Region sehr unterschiedlich, das gleiche gilt auch für das Wetter. So kann es an der Nordküste bei Girne regnen, während in Gazimağusa die Sonne scheint – und umgekehrt. In Lefkoşa liegt die Temperatur im Winter durchschnittlich zwischen 5 und 15 Grad, im Sommer zwischen 21 und 37 Grad; sie kann aber durchaus

auch auf 45 Grad und mehr ansteigen. An der Küste liegen die Durch-
schnittswerte im Winter zwischen 7 und 17 Grad und im Sommer zwischen 21 und 32 Grad.
Die schönste Reisezeit für Studien- und Rundreisen sind auch wegen
des Blütenreichtums die Monate April und Mai. Allerdings ist in dieser
Zeit das Wasser zum Baden noch etwas kalt.


**Konsulate** → *Botschaften*
**Kormakiti** → *Korucam*


# Korucam (griech. Kormakiti)

Auf der nordwestlichen Spitze der Insel, dem Kap Korucam, befindet sich
das gleichnamige Dorf, in dem die größte Maronitengemeinde der Insel
lebt. Die maronitische Kirche ist im Libanon zuhause und mit der römisch-
katholischen Kirche vereint. Sie werden regelmäßig von UN-Soldaten mit
Lebensmitteln versorgt, außerdem kümmern sich die Franziskanernon-
nen aus dem Kloster um die Christengemeinde.
Neben dem Kloster befindet sich eine kleine einschiffige Dorfkirche mit
Tonnengewölben und starken Strebepfeilern. Eine Inschrift über der Türe
des Südportals besagt, daß derjenige gesegnet wird, der die Kirche
durch dieses Tor betritt. Die dem Hl. Georg geweihte Kirche stammt aus
dem 15. Jahrhundert und befand sich ursprünglich im Besitz der Maronitengemeinde. Nach der Fertigstellung der großen, ebenfalls dem Hl. Georg geweihten Kirche übergaben die Maroniten die alte Kirche mit den
umliegenden Gebäuden dem Franziskanerorden.
Nach Korucam führen zwei Straßen, eine über Çamlıbel, die zweite über
Kayalar und Sadrazamköy. Da die erste Straße durch ein militärisches
Übungsgebiet führt, braucht man einen Passierschein. Wenn man jedoch
aus der entgegengesetzten Richtung kommt, braucht man diesen dem
Posten an der Straße in der Regel nicht vorzuweisen, man sollte jedoch
für alle Fälle seine Papiere dabeihaben.

# Lapta (griech. Lapithos)

Der kleine Ort Lapta liegt malerisch an den Ausläufern des Beşparmak-
gebirges, inmitten von Orangen- und Zitronengärten, etwa 2 km vom
Meer und ca. 13 km westlich von Girne. Die Siedlungsgeschichte des
antiken Lapithos, das je nach Mythenversion eine achäische oder phönikische Gründung ist, reicht bis in das Neolithikum zurück.
Der Name Lapithos ist jedenfalls identisch mit dem eines Berges auf dem
Peloponnes, was auf eine achäische Gründung hindeutet. Münzfunde
weisen darauf hin, daß der Ort, der in der Antike ein bedeutendes Stadtkönigtum war, im 5. und 4. Jahrhundert vor Chr. politisch von Phönikiern
dominiert worden ist. In und um den Ort herum fand man Grabanlagen
aus der Bronze- und Eisenzeitzeit sowie Reste von chalkolithischen
Rundhütten. In einem der Gräber fanden sich Hinweise auf Menschenopfer. Aufgrund des Fundes einer Terrakotta – Kleinplastik aus dem 5.
Jahrhundert vor Chr. schlossen Wissenschaftler auf ein Heiligtum der
Aphrodite. Die Plastik, die eine Geburtsszene zeigt, bei der die Gebä-
rende von hinten von einer Frau umfaßt wird, während die Hebamme sich
über den Schoß der Frau beugt, ist im Zypern – Museum in Nikosia ausgestellt.
Die Wasserleitung, die einst sieben Mühlen betrieb und bis vor einigen
Jahren noch zur Bewäserung der Gärten benutzt wurde, stammt aus der
Römischen Zeit. Besonders gut kann man diese Anlage beim „Başpinar
Restaurant" sehen. Von diesem Restaurant führt eine landschaftlich
wunderschöne Forststraße, die sich auch für eine Wanderung anbietet,
zur Burgruine →St. Hilarion.
Unter den Byzantinern wurde die Stadt Bischofssitz, und während der
fränkischen Zeit gehörte Lapithos zu den 24 Lehensgütern von Philippe

de Lusignan. Zu dieser Zeit lebten in der Stadt mehr Menschen als in Limassol, Paphos oder Famagusta. Davon zeugen noch heute die vielen großzügig gebauten Häuser, von denen leider viele verfallen.

Im oberen Teil des Ortes steht die *Seyit Mehmet Ağa Camii,* sie wurde im 17. Jahrhundert unter den Osmanen errichtet. Das Minarett stammt allerdings aus dem Jahr 1976, da das ursprüngliche Minarett 1974 von der abziehenden griechischen Bevölkerung zerstört wurde.

Die im unteren Ortsteil stehende *Hacı Ömer Camii* stammt aus dem Jahr 1870.

## Lapta / **Praktische Informationen**

**Essen und Trinken:** Am oberen Ortsrand befindet sich das „Başpinar Restaurant", dessen Küche sehr gut ist. Als Draufgabe bekommt man von der Terrasse des Restaurants noch einen wundervollen Blick auf die Küste, bei besonders klarem Wetter kann man soger die Taurusberge in der Türkei sehen. Die Straße zum Restaurant ist vom Ortsanfang an ausgeschildert.

**Unterkunft:** Ein renoviertes Dorfhaus beherbergt das „Hotel Lapta Garden", Orhan Gazı Sok. 2, Tel. 7 31 75. Die kleine Anlage verfügt nur über fünf Wohneinheiten, von denen eine als Suite mit vier Betten eingerichtet ist. Im mit alten Bäumen bewachsenen Garten befindet sich ein kleiner Swimmingpool. Zwei Personen bezahlen für die Übernachtung mit Frühstück ca. 110 DM, eine Person ab ca. 80 DM. Der Weg zum Hotel ist schon vom Ortsanfang ausgeschildert.

Nicht so leicht zu finden ist dagegen „The old Monastery", eine von einem Deutschen geführte, in einem ehemaligen Kloster untergebrachte Anlage. Die ursprünglichen Gebäude datieren bis ins 16. Jahrhundert zurück. Innerhalb der neun Bögen des Kreuzganges befindet sich ein Swimmingpool. Es stehen verschiedene Wohneinheiten für 2-6 Personen zur Verfügung, deren Preise je nach Saison variieren.

Direkt am Meer befindet sich der „Club Laphethos", Tel. 1 89 61, mit 18 2-Bett und 8 4-Bett Bungalows. Die Mindestverweildauer beträgt wie in vielen Clubanlagen eine Woche. Im 2-Bettbungalow kostet eine Woche/ Person ab ca. 250 DM, im 4-Bettbungalow ab ca. 350 DM. Während der Monate Juni bis September liegen die Preise etwa doppelt so hoch.

Etwas teurer ist die Übernachtung in den „Celebrity Bungalows", dafür stehen sämtliche Wassersportmöglichkeiten des 5-Sternehotels „Celebrity" und des ebenfalls mit 5 Sternen ausgezeichneten „Chateau Lambousa" zur Verfügung. Die Telefonnummer für alle drei Anlagen: 1 87 51/2/3. In den beiden letztgenannten Hotels kostet die Übernachtung: EZ mit Frühstück ab ca. 110 DM, DZ mit Frühstück ab ca. 130 DM.
Im 1991 eröffnetem „L.A. Holiday Centre", Tel. 1 88 84 kostet das EZ mit Frühstück ab ca. 90 DM, das DZ mit Frühstück ab ca. 120 DM, in den Wintermonaten 10 % weniger.

## Lapta / **Umgebung**

Nordöstlich von Lapta, an der Küstenstraße Richtung Alsancak, zweigt eine Straße zum am Meer gelegenen Muçahit Aile Gazinosu ab. Dieses Restaurant, das vom Militär bewirtschaftet wird – Köche und Kellner sind Soldaten – liegt auf dem Gelände der antiken Stadt *Lambousa,* von der aber heute nicht mehr viel zu erkennen ist. Die Stadt wurde im 8. Jahrhundert vor Chr. von den Phöniziern gegründet und erreichte in römischer und frühbyzantinischer Zeit ihre Blüte. Der Hafen lag etwa unterhalb des Restaurants, östlich davon sind römische Fischtanks zu sehen, die mit dem Meer durch Ein- und Abflüsse verbunden sind. Auf dem deutlich erkennbaren Hügel, aus dessem Fuß in den Fels geschnittene Räume aus römischer Zeit zu sehen sind, stand einst die Akropolis. Funde von geschmolzenen Mosaikbrocken und Brandreste lassen den Schluß zu, daß die Stadt, die im Jahre 647 von den Arabern zerstört wurde, niederbrannte.
Westlich des Restaurants steht an der Stelle, die einst eine frühchristliche Basilika einnahm, die *Klosterkirche Achiropiitos.* Teile des Marmorbodens und die Apsis der Basilika wurden in den Neubau integriert. Im 14. Jahrhundert wurde ein Vorbau (Narthex) angebaut, bei dem auch gotische Architekturdetails auffallen.
Der Name „Achiropiitos" (= nicht von Menschenhand) bezieht sich in verschiedenen Legenden entweder auf das Kloster selbst oder auf das Mandylion, das Schweißtuch der Veronika. Dieses soll von einer Prinzessin aus dem Hause Savoyen von Zypern nach Turin gebracht worden sein. Eine andere Legende berichtet, daß die Gottesmutter Maria das

Kloster vor brandschatzenden Heiden gerettet und nach Zypern gebracht hat.

Südöstlich, in unmittelbarer Nähe zur Klosterkirche, befindet sich die
*Felsenkapelle Agios Evlambios,* in der der vor plündernden Arabern ver-
steckte *Silberschatz von Lambousa* gefunden wurde. Die Silberschalen
mit Szenen aus dem Leben Davids sind heute über das Zypern-Museum
in Nicosia, das Britische Museum und das Metropolitan Museum verteilt.
Die Stempel, die den Feinheitsgehalt des Silbers auf den Schalen ange-
ben, gelten als die ältesten der Welt.

# Lefke (griech. Lefka)

Im Westen der Insel, nicht weit vom Städtchen →Gemikonağı befindet
sich inmitten von Orangenplantagen und Dattelpalmen das alttürkische
Dorf Lefke. Ein Bummel durch den Ort lohnt, an den zahlreichen, zum Teil
sehr gut erhaltenen alttürkischen Häusern kann man sehr gut erkennen,
wie die osmanisch-türkische Architektur auf Zypern mit gotischen und
klassizistischen Formelementen verschmolz.

Außerdem kann man einen guten Eindruck vom traditionellen Bewässe-
rungssystem der Dörfer auf Zypern bekommen, von dem in den anderen
Dörfern, z.B. →Beylerbeyi, Überreste zu finden sind. Das Wasser, das in
den kleinen Gräben am Straßenrand fließt, ist der Hauptkanal, der Gärten und Felder bewässert.

Sehenswert sind auch die Dorfmoscheen, deren Satteldächer auf weißen, gedrückten Spitzbögen ruhen.

→*Gemikonağı, Güzelyurt, Soli, Vouni,*

# Lefkoşa (zypr. Nicosia, griech. Levkosia)

Lefkoşa, die Hauptstadt der Insel, liegt in der Mesaoria, der großen
Ebene zwischen dem Beşparmak- und dem Troodos-Gebirge. Eine
Mauer teilt die Stadt – wie einst Berlin – in die südliche Hauptstadt
Nicosia und die nördliche Hauptstadt Lefkoşa. Hier gibt es jedoch keine

Todesstreifen und Sichtschutzzäune, nur Sandsackbarrikaden und Stacheldraht trennen die Menschen, die ohnehin kaum das Bedürfnis haben, die Seiten zu wechseln. Oft sind es nur wenige Meter, die türkische und griechische Wachposten voneinander trennen. Es gibt nur einen Übergang für Fremde und Zyprioten, er befindet sich am einst feudalen Ledra Palace Hotel, das heute als Kaserne für die UN-Soldaten dient. Doch dieser Übergang spielt für den Besucher Nordzyperns keine Rolle – die griechische Seite darf man nicht besuchen. Die türkische Seite erteilt zwar Ausreisegenehmigungen, aber die Republik Zypern gestattet die Einreise vom türkischen Teil aus nicht. Das funktioniert nur umgekehrt; Tagesausflüge vom griechischen in den türkischen Teil sind – wenn auch von den griechischen Behörden nicht gerne gesehen – erlaubt.

## Lefkoşa / Geschichte

Erste Erwähnung fand die Stadt unter dem Namen Ledra in einer Aufstellung von den Assyrern tributpflichtigen Städten aus dem 7. Jahrhundert vor Chr. Verschiedene griechische Inschriften aus dem 4. Jahrhundert vor Chr. erwähnen ein Heiligtum der Aphrodite, das sich in Ledra befand. Die Namen Lefkon, Lefkousa und Leukopolis waren während der byzantinischen Zeit in Gebrauch, seit dem 10. Jahrhundert wurde die Stadt Lefkoşa oder Lefkosia genannt. Sie spielte bis zur Eroberung der Insel durch die Kreuzritter, die der Stadt den Namen Nicosia gaben, nur eine unbedeutende Rolle in der Geschichte Zyperns. Erst unter den Lusignans, die Nicosia zur Hauptstadt des Königreichs Zypern machten, erlebte die Stadt eine kurze Blüte, die jedoch mit dem Überfall der ägyptischen Mameluken, die im Jahr 1426 die Stadt plünderten und den Königspalast niederbrannten, zu Ende ging.

Die Venezianer, die 1489 die Insel übernahmen, bauten die Stadt zu einer Artilleriefestung aus, was bedeutete, daß alle außerhalb der Stadtmauer gelegenen Gebäude abgerissen wurden, um freies Schußfeld zu erhalten. Viele Kirchen und Paläste, darunter auch das Kloster des Hl. Domenikus, die Grabstätte der Lusignans, wurden ein Opfer dieser Maßnahme.

Am 9. September 1570 gelang es den Truppen Mustafa Paschas, nach siebenwöchiger Belagerung die Stadt zu erobern. Die christlichen Kirchen wurden zu Moscheen umgewandelt. Bis 1878 war die Stadt Sitz eines türkischen Statthalters, dem bis 1960 ein britischer Gouverneur folgte. Seit dem Dezember 1963 teilt die sogenannte „Green Line" wegen der Terroranschläge der griechischen EOKA und türkischen TMT auf die jeweils andere Bevölkerungsgruppe die Stadt.

Nach der Teilung der Insel 1974 verzeichnete der griechische Teil der Stadt einen kräftigen Bevölkerungzuwachs. Zählte die Einwohnerstatistik 1960 noch 73 381 griechische und 22 134 türkische Zyprioten, leben heute im Süden der Stadt rund 160 000 Menschen – überwiegend Flüchtlinge aus dem türkischen Teil der Insel.

## Lefkoşa / **Sehenswürdigkeiten**

Die Hauptsehenswürdigkeiten befinden sich alle – bis auf das Zypern-Museum – im türkischen Teil der Stadt. Den besten Überblick über die Stadt hat man von der Dachterrasse des Saray-Hotels am Atatürk-Platz, auf der ein Restaurant untergebracht ist. Der Süden und der Norden der Stadt lassen sich leicht unterscheiden: Dort, wo außerhalb der Stadtmauern die Neubauten dicht gedrängt stehen, ist der griechische Teil, wo dagegen die Palmen noch die rotgedeckten, traditionellen Ziegeldächer überragen, ist der türkische Teil.

**Moscheen**

Die im Zentrum der Stadt neben dem Basar gelegene *Selimiye Moschee* erhielt ihren Namen erst 1954 zur Erinnerung an Sultan Selim II., unter dessen Herrschaft die osmanischen Truppen Zypern eroberten. Erbaut wurde sie ab dem Jahr 1209 als Kathedrale Sankt Sophia. Erst nach über 100 Jahren Bautätigkeit weihte der Erzbischof Giovanni del Conte am 5. November 1326 die Kathedrale ein. Die ehemalige Krönungskirche der Könige von Zypern und zählt zu den schönsten gotischen Bauwerken in der Levante.

Die Invasion der Genuesen (1373) und der ägyptischen Mamelucken (1426) fügten dem Bauwerk schwere Schäden zu, die Venezianer raubten nach ihrer Machtübernahme auf der Insel den Kirchenschatz, und zwei schwere Erdbeben in den Jahren 1491 und 1547 taten ein übriges zur Zerstörung des Bauwerks. Die Osmanen wandelten die Kathedrale im Jahr der Eroberung der Insel in eine Moschee um; das ursprünglich mit

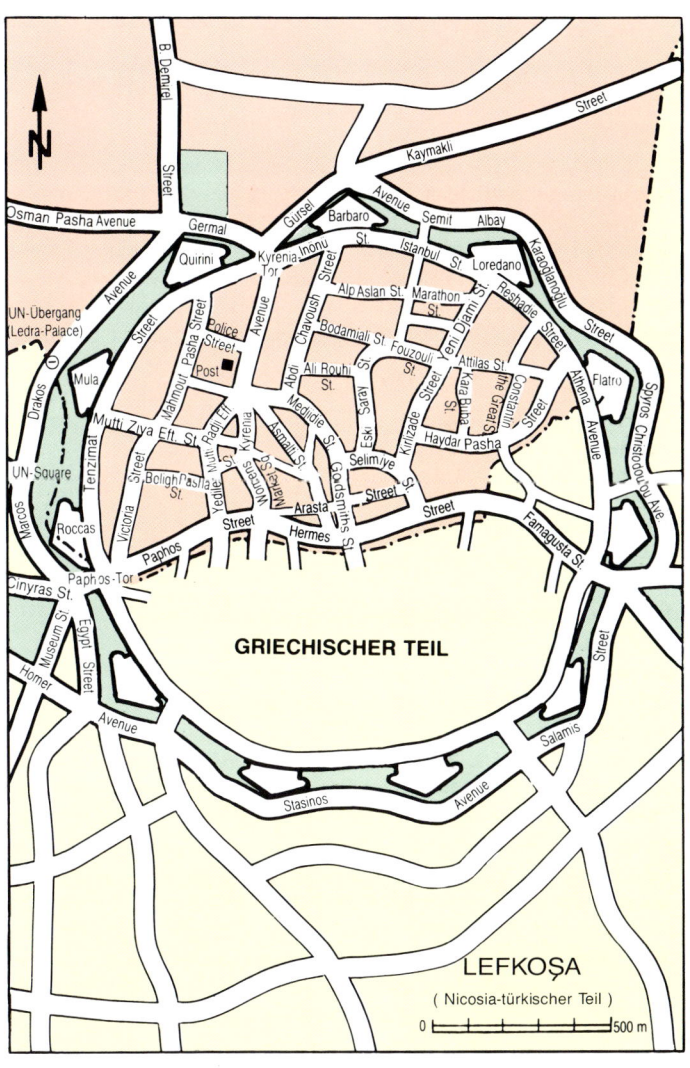

**GRIECHISCHER TEIL**

**LEFKOŞA**

( Nicosia-türkischer Teil )

0             500 m

Fresken versehene Innere wurde weiß getüncht, nur die Säulenkapitelle sind in der Farbe des Islam grün bemalt.

Die Westfassade besteht aus einer prachtvollen Vorhalle und zwei flankierenden Türmen, die von den Osmanen ein Jahr nach der Umwandlung der Kirche zur Moschee zu Minaretten umgebaut wurden. Die durch drei Portale gegliederte Vorhalle, die sich mit ihrer reichen Ausstattung vom schlichten Innenraum abhebt, stammt aus dem 14. Jahrhundert. Im dreischiffigen Innenraum befinden sich zwei Reihen mit jeweils sechs Säulen, die zum Teil frühbyzantinische, zum Teil gotische Kapitelle tragen. Die Anlage des Kirchenschiffes weist Ähnlichkeiten mit der Kirche Notre Dame in Paris auf.

Ebenfalls zu einer Moschee umgewandelt wurde die im 14. Jahrhundert erbaute Katharinen-Kirche, die heute den Namen *Haidar Pascha Moschee* trägt.

Die *Sarayönü Moschee* wurde von einem britischen Architekten im Jahr 1903 unter Verwendung verschiedenster islamischer Stilrichtungen erbaut. Nachdem die vorherige Moschee 1902 abgerissen worden war, hatte der Architekt den Auftrag zum Neubau der Moschee erhalten. Die hufeisenförmigen Spitzbögen, die das Dach des Portikus tragen, sind der islamischen Architektur Nordafrikas und Spaniens entlehnt. Das im Stil des 18. Jahrhunderts erbaute Minarett stammt von der ersten Moschee, der Ordu Önü Moschee.

Die *Arab Ahmet Moschee* steht im gleichnamigen Viertel, das nach einem türkischen Gouverneur benannt ist. Die Moschee, die aus dem 17. Jahrhundert stammt und 1845 grundlegend restauriert wurde, steht an der Stelle einer mittelalterlichen Kirche. Die klassisch-osmanische Moschee hat eine Kuppel mit einem Durchmesser von 16 m, die auf vier Schildbögen ruht. Der Portikus im Norden ist mit drei kleinen Kuppeln besetzt. Im Garten der Moschee befinden sich Grabsteine osmanischer Gouverneure und türkisch-zypriotischer Staatsmänner.

Im Iplik Pazarı Viertel wurde anstelle einer kleinen Moschee im Jahre 1825 unter dem osmanischen Gouverneur Seyit Mehmet Ağa die *Turunçlu Moschee* erbaut. Die Außenfassade, die Ähnlichkeit mit der einer Kirche hat, wird durch Strebepfeiler gegliedert. Im Norden und Westen ist ein Portikus mit Arkaden angebaut. Holzpfeiler mit dekorierten Kapitellen tragen vier Bögen, auf denen das Holzdach aufliegt. Die marmorne Kanzel der Freitagspredigt ist mit Blattwerk dekoriert.

Die *Iplik Pazarı Moschee* befindet sich in der gleichnamigen Straße. Das Eingangstor trägt zwei Inschriften aus den Jahren 1826 und 1899. Eine architektonische Seltenheit ist das Minarett mit dem knotenförmigen Abschluß, das von der ehemaligen Moschee erhalten blieb. Zwei weite Bögen tragen das Holzdach des rechteckigen Bauwerks. Beachtenswert ist die gute Qualität der Steinmetzarbeiten.

### Kerwansereien

Nur wenige Schritte westlich der Selimiye-Moschee befindet sich der *Büyük Han,* die erste große Kerwanserei der Stadt. Sie wurde nach der Eroberung der Insel vom ersten osmanischen Gouverneur aus den Ruinen eines fränkischen Gebäudes im Jahr 1572 errichtet.

Der um einen rechteckigen Innenhof gruppierte zweistöckige Gebäudekomplex wurde nach dem Vorbild anatolischer innerstädtischer Kerwansereien errichtet. In der Mitte des Hofes steht eine auf Arkaden ruhende Mesçit mit Reinigungsbrunnen. Im Untergeschoß der Gebäude befanden sich Warenlager und Wirtschaftsräume, im Obergeschoß, das man über eine Bogengalerie erreicht, waren die Zimmer der Reisenden untergebracht. Sie sind mit Kaminen ausgestattet und waren einst mit Teppichen oder Bastmatten ausgelegt. Außerhalb des Komplexes befanden sich die Stallungen.

Während der Kolonialzeit diente das Bauwerk als Gefängnis. Zur Zeit werden umfangreiche Renovierungsarbeiten durchgeführt, da der Büyük Han als Museum türkischer und islamischer Kunst dienen soll.

Nordöstlich des Büyük Han steht der *Kumarçilar Han,* der Han „der Glücksspieler". Daß das Gebäude auf einer mittelalterlichen Struktur errichtet wurde, zeigt das Eingangsportal, durch das man in den Innenhof gelangt. Es weist gotische Details auf. Der Han, wenngleich geringeren Ausmaßes, folgt dem gleichen architektonischem Schema wie der Büyük Han.

### Büyük Hamam

Das „Große Bad" ist eines von drei osmanischen Bädern in Lefkoşa. Seine Geschichte ist weitgehend ungeklärt. Der Vermutung, daß es sich um die mittelalterliche Kirche „St. Georg der Lateiner" handelt, widerspricht der Grundriß des Gebäudes, der nicht geostet, sondern von Norden nach Süden ausgerichtet ist, ebenso wie das nicht sehr fachgerecht eingebaute Portal (man achte auf den Anfängerstein auf dem Widerlager des Archivoltenbogens). Auch die Nischen links und rechts der Stufen tragen osmanische Architekturelemente.

Vor nicht allzulanger Zeit war dieses Bad noch in Betrieb.

**Bedesten**

Südlich der Selimiye Moschee befindet sich die in einen Bedesten umgewandelte Kirche des Hl. Nikolaus der Engländer. Der vierschiffige, mit einer Kuppel versehene Bau vereinigt gotische und byzantinische mit Architekturelementen der Renaissance. Die beiden südlichen Seitenschiffe stammen aus dem 12. Jahrhundert, das Mittelschiff mit einer von einem hohen Tambour getragenen Kuppel wurde im Zuge einer Erweiterung im 15. Jahrhundert zusammen mit dem nördlichen Seitenschiff errichtet. Da die Kirche nicht in eine Moschee umgewandelt worden war, entging auch ein Relief mit der Darstellung Mariä Entschlafung an der Südwand der Zerstörung.

**Girne Kapısı**

Im Norden der von venezianischen Mauern umschlossenen Altstadt befindet sich das Girne-Tor, über dem auf einer Marmorplatte eine lateinische Inschrift das Erbauungsdatum 1562 angibt. Ursprünglich trug das Tor den Namen „Porta del Proveditore", nach dem venezianischen Militärarchitekten Proveditore Francesco Barbaro.

Eine weitere Platte mit arabischen Schriftzeichen erinnert an die Restaurierung des Tores unter Sultan Mahmut II. im Jahr 1821. Der Scheich des nahen Derwischklosters, Feizullah Dede, ließ an der äußeren Torseite eine Tafel mit dem Inhalt einer Sure aus dem Koran anbringen: *der Sieg ist von Gott, der Triumph ist nahe; Öffner der Türen, öffne uns die beste aller Pforten.*

Die Briten schlossen jedoch 1931 das Tor und schlugen links und rechts des Tores Breschen für eine neue Straße in die Stadtmauer.

**Mevlana Tekke**

An der Straße, die vom Girne-Tor ins Stadtzentrum führt, steht auf der linken Seite, nur wenige Schritte vom Tor entfernt, das ehemalige Kloster

*Eine der interessantesten Sehenswürdigkeiten auf Zypern ist die Selimiye-Moschee in Lefkosa (türkisch Nicosia)*

der tanzenden Derwische. Das Kloster wurde zu Anfang des 18. Jahrhundert gebaut und bestand aus einem Versammlungsgebäude, in dem getanzt und religiöse Musik gehört wurde, Wohngebäuden für die Derwische, einem Küchentrakt und Gästeräumen. Von den Gebäuden ist heute nur mehr der Versammlungsraum erhalten, in dem seit 1963 ein Volkskundemuseum untergebracht ist. Der Orden wurde unter Atatürk wegen der reaktionären Haltung der Derwische 1925 verboten.
→ *Museen*

**Venezianische Säule**

In der Mitte des Atatürkplatzes steht eine Säule, deren mit Wappen venezianischer Adelsfamilien versehen ist. Die Granitsäule, die ursprünglich aus Salamis stammt, wurde unter den Venezianern als Zeichen ihrer Herrschaft aufgestellt. Ihre Spitze krönte ein Markuslöwe, der aber verlorenging, als die osmanischen Eroberer die Säule niederrissen. Die kupferne Weltkugel, die heute von ihr getragen wird, stammt von den Briten, die die Säule 1925 wieder aufstellten.

# Lefkoşa / **Praktische Informationen**

**Ärztliche Versorgung:**
Außerhalb der Stadtmauer in der Kızılay Sok. befindet sich die Polyklinik, Tel. 7 14 41-2-3.
Praktischer Arzt: Dr. Sait Kenan, Osman Paşa Cad. 7, Tel. 7 35 13.
Zahnarzt: Erdoğan Mirata, Mirata Apt 1, Osman Paşa Cad., Tel. 7 20 72.

**Autovermietung**
Capital – Şehit Uluçamgil Sokak, Tel. 7 81 72 (hinter Sabri's Orient Hotel).
Elite – Girne Cad. 103, Tel. 7 31 75.
Huzur – Nalbantoğlu Cad., 11 Öğretmen Apt., Tel. 3 28 79.
Memo – Cumhuriyet Cad. 2, Tel. 7 23 22.
Sun – Abdi Ipekçi Cad., Tel. 7 87 87.
Traveloz – Muzaffer Paşa Cad., Tel 7 71 47.
**Banken:** Von den 12 Banken der Stadt befinden sich die meisten um den Atatürk Platz.

Autorisierte Geldwechsler sind unter anderen:

Beha Fırıncıoğlu, Asmaaltı Sokak, Tel. 7 40 95.

Birinci Döviz, Girne Cad. 158-A, Tel. 7 52 00.

Sun Ltd., Abdi İpekçi Cad., Tel 7 87 87.

## Einkaufen

Gleich neben der Selimiye Moschee befindet sich ein gedeckter Basar, in dem neben Lebensmitteln auch Kunstgewerbe und Gebrauchsgegenstände feilgeboten werden.

## Essen und Trinken

Eines der ältesten Restaurants der Stadt mit türkischen Grillspezialitäten ist das „Anibal", Plevne Sok. 22-24, Tel. 7 18 35. Geöffnet täglich von 11.30-22.30 Uhr, außer Sonntag.

Etwas versteckt an einer Ecke im Zentrum der Altstadt befindet sich das „Amasyalı", Girne Cad., Tel. 7 37 82.

Im „Bonjour", İkinci Selim Cad., Tel 7 57 26, kann man auch auf der Terrasse speisen. Täglich außer Sonntag von 8-1 Uhr geöffnet.

Nur wenig Auswahl, aber dafür sehr wohlschmeckende und preiswerte Grillgerichte bietet die Speisekarte des „Continental Restaurants", Tel. 7 53 94, hinter dem Saray Hotel. Geöffnet täglich außer Sonntag von 11-15.30 und 18-24 Uhr.

Nur in der Zeit von 16-24 Uhr bekommt man im „Eniste", Mehmet Akif Cad. 94, Tel. 7 14 70, einem Spezialrestaurant für Kebabs, in dem man auch draußen sitzen kann, etwas zu essen. Sonntag ist Ruhetag!

Vom Dachrestaurant des „Saray Hotels" genießt man einen wunderbaren Ausblick auf die Hauptstadt. Das Restaurant ist täglich geöffnet von 12.30-24 Uhr.

Ein sehr gutes Fischrestaurant ist das „Yakamoz", Bedreddin Demirel Sok., Tel. 7 17 28, täglich geöffnet von 9-23 Uhr.

## Museen

Das 1963 gegründete *Volkskundemuseum* ist im ehemaligen Mevlana-Kloster beim Kyrenia-Tor untergebracht.

Im Hauptraum, einer Musikgalerie mit Tanzboden, sind Musikinstrumente, Trachten, Korane und Säbel ausgestellt. In dem anschließenden langen Korridor befinden sich die Sarkophage der Scheichs des Tekke's, darunter der des Scheich Selim Dede, der 1954 verstarb.

Das im 19. Jahrhundert erbaute und 1988 in ein Volkskundemuseum umgewandelte *Derwisch Pascha Konağı* zeigt anschaulich, wie wohlhabende Kaufleute in der osmanischen Zeit gelebt haben. In dem von Arkaden umgebenen Erdgeschoß war das Personal untergebracht, im ersten Stockwerk befanden sich die Wohnräume des Hausherren.

Etwa 50 m östlich der Selimiye Moschee befindet sich das *Steinmuseum,* das der englische Architekt und Bauhistoriker George Jeffery als Aufbewahrungsort für mittelalterliche und venezianische Architekturfragmente und Grabsteine in einem venezianischen Haus aus dem 15. Jahrhundert einrichtete. Ein bedeutendes Werk ist das aus dem Palazzo del Governo stammende spätgotische Maßwerkfenster. Bemerkenswert sind auch der Sarkophag der Familie Dampierre, der Grabstein Adams von Antiochien aus dem 13. Jahrhundert und das an der zum Innenhof ausgerichteten Gebäudewand angebrachte Wappen der Lusignans.

Zwischen der Selimiye-Moschee und dem Bedesten befindet sich die *Sultan Mahmut II. Bibliothek,* in der fast 12 000 persische, arabische und osmanische Handschriften und Bücher aufbewahrt werden. Der osmanische Kuppelbau wurde 1829 von Sultan Mahmut II. gestiftet.

Das Steinmuseum und die Bibliothek sind nur in Begleitung eines Wärters zu besichtigen, der kostenlos die Führung übernimmt. Hierfür muß man sich an das im Kumarcılar Han untergebrachten Büro der Altertümerverwaltung wenden.

Beim *Museum der Barbarei* in der westlichen Neustadt handelt es sich um das Wohnhaus des türkisch-zypriotischen Arztes und Offiziers Nihat Ilhan. Am 21. Dezember 1963 ermordete ein EOKA-Kommando die Ehefrau und die drei Kinder des Arztes, die sich ins Badezimmer geflüchtet hatten. Ausgestellt sind zahlreiche Fotos und Belege für diese und ähnliche Grausamkeiten gegen türkische Zyprioten während der Jahre 1963-1974. Geöffnet montags bis samstags von 7.30-14 Uhr.

### Nachtleben

Am Wochenende ist die Disco im Saray Hotel geöffnet.

In einem Anbau vom Sabri's Orient Hotel befindet sich ein Kasino, das zwischen 21.30 und 4 Uhr geöffnet ist.

In der Şehit Şener Enver Sok. findet man die Bar „Picnic Night Club", geöffnet täglich ab 21 Uhr.

## Notruf

Erste Hilfe: Tel. 7 14 41.

Polizei: Tel. 8 34 11.

Feuer: Tel. 7 12 59.

## Post

*Hauptpostamt:* Das Hauptpostamt befindet sich in der Straße, die vom Atatürkplatz nach Westen führt. Ein anderes Postamt liegt außerhalb der Stadtmauer schräg gegenüber dem Krankenhaus. Auf ein weiteres kleines Postamt trifft man am Busbahnhof.

*Paketpostamt:* An der Kreuzung Atatürk Cad./Ecvet Yusuf Cad. im Stadtteil Yenişehir.

*Telefonamt:* Etwas versteckt im Stadtteil Yenišehir, nicht weit vom Krankenhaus, befindet sich das Telekomünikasyon Dairesi. Die Ortsvorwahl für Lefkoşa ist 0 20.

## Sport

*Squash:* Im Stadtteil Küçük Kaymaklı in der Bahadr Sokak, Tel. 7 40 64, befindet sich das „North Cyprus Squash Centre. Für Nichtmitglieder kostet die Stunde ca. 5 DM, Schläger können ausgeliehen werden. Es ist täglich von 8-22 Uhr geöffnet. Anmeldung erforderlich!

## Touristeninformation

Im Stadtteil Kumsal am Fluß Kanlı Dere in der Mehmet Akif Cad. 95, Tel. 7 50 51-2-3, befindet sich das Touristeninformationsbüro.

## Unterkunft

Bestes Hotel in der Hauptstadt ist das mit drei Sternen ausgezeichnete „Saray Hotel", Tel. 8 31 15. Die Übernachtung mit Frühstück kostet im EZ ab ca. 60 DM, im DZ ab ca. 80 DM.

In den beiden Hotels „Picnic", Tel. 7 21 22, das außerhalb der Altstadt liegt, und im „Sabris Orient", Tel. 7 21 62/3, das sich an der Straße nach Girne befindet, kostet die Übernachtung mit Frühstück jeweils im EZ ab ca. 30 DM und im DZ ab ca. 40 DM.

Rund um die Selimiye-Moschee gibt es mehrere Billighotels.

## Verkehrsverbindungen

In der Girne Cad. innerhalb der Stadtmauern am Girne-Tor fahren die Minibusse nach Girne ab, 200 m stadteinwärts in Richtung Atatürk Platz befindet sich die Haltestelle für die Busse nach Gazımağusa.

**Zeitungen (deutschsprachig)**

In der Lobby des Saray Hotels befindet sich ein Buchladen, der auch deutschsprachige Zeitungen und Magazine führt.


# Literatur

Zum Einstimmen sei das Buch „Bittere Limonen" von Lawrence Durell erwähnt, der in den 50er Jahren einige Zeit auf der Insel lebte. Das Buch ist vergnüglich zu lesen und vermittelt viel Atmosphäre.

Sonstige Literatur:

Hans-Ulrich Wiblinger – Die Abtei von Bellapais, Tübingen 1989.

Bruno Haas – Zypern, Insel zwischen Orient und Okzident, München 1985.

Wilhelm Dreghorn – A guide to the antiquities of Kyrenia, Girne 1982.

ders. – Famagusta and Salamis, Girne 1985.

ders. – Landscapes in N.Cyprus, London 1979.

Andreas Stork – Preiswert Reisen Zypern, Köln 1993.

ders. – Nützliche Reisetips von A-Z Zypern, Köln 1992.

Petra Friedmann – Nordzypern, das heimliche Paradies, Paris 1990.

Reise – Sprachführer Türkisch, problemlos sprechen – schnell verstehen, Köln.

Köstlichkeiten aus aller Welt: 100 türkische Gerichte, Köln.


**Livadia** → *Sazlıköy*

**Lythrankomi** → *Boltaşlı*

**Märkte** → *unter den Orten*


# Maße und Gewichte

In Nordzypern sind englische und metrische Maß- und Gewichtseinheiten im Gebrauch, wobei erstere langsam in den Hintergrund rücken.

So wird an einigen Tankstellen der Treibstoff in Gallonen, an anderen jedoch in Litern abgegeben.

An vielen Straßen sind auch die Entfernungen in Kilometern angegeben.

| | | | |
|---|---|---|---|
| 1 mile | = | 1609 | m |
| 1 yard | = | 91,44 | cm |
| 1 inch | = | 2,54 | cm |
| 1 foot | = | 30,48 | cm |
| 1 donum | = | 1337,8 | qm |
| 1 acre | = | 4064,15 | qm |
| 1 oka | = | 1,27 | kg |
| 1 dram | = | 3,17 | kg |
| 1 gallon | = | 4,54 | l |

**Medizinische Versorgung** → *Ärztliche Versorgung, Apotheken*

**Medikamente** → *Apotheken, Reiseapotheke*

**Morphou** → *Güzelyurt*

**Myrthou** → *Güzelyurt*

**Nicosia** → *Lefkoşa*

**Nitovikla** → *Kaleburnu*

# Notfall

Im folgenden die wichtigsten Notrufnummern in Nordzypern:

| | Polizei | Rettung |
|---|---|---|
| Gazimağusa | 0 36-6 53 10 | 6 28 76 |
| Gemikonağı | 0 77-1 73 22 | 1 73 51 |
| Girne | 0 81-5 20 14 | 5 22 26 |
| Güzelyurt | 0 71-4 21 40 | 4 21 25 |
| Lapta | 0 82-1 85 12 | 1 83 22 |
| Lefke | 0 78-1 74 23 | 1 77 57 |
| Lefkoşa | 0 20-7 13 11 | 7 14 41 |
| Yeni Iskele | 0 37-1 23 33 | 1 23 19 |

In dringenden Notfällen kann man sich auch an die UN-Soldaten wenden. Vorgänge, bei denen Dritte zu Schaden gekommen sind, müssen unbedingt der Polizei gemeldet werden.

→ *Botschaften*

# Öffnungszeiten

**Behörden:** Winter 8-13 Uhr und 14-17 Uhr, Sommer 7.30-14 Uhr, außer samstags und sonntags.

**Banken:** Winter 8.30-12 Uhr, Sommer 8-12 Uhr, außer samstags und sonntags.

**Geschäfte:** Winter 8-13 Uhr und 14-18 Uhr, Sommer 7.30-13 Uhr, 16-18 Uhr, samstags nur vormittags geöffnet, sonntags geschlossen. Die offiziellen Geschäftszeiten gelten bis auf Ausnahmen in touristischen Regionen, wo manche Geschäfte auch bis in den späten Abend geöffnet haben.

**Museen:** →*unter den einzelnen Museen*

**Post:** →*Post*

**Öffentliche Verkehrsmittel** →*Reisen im Land*

# Ozanköy (Kazaphanie)

Das Dorf Ozanköy liegt am Abhang des Bešparmak-Gebirges zwischen Beylerbeyi und Çatalköy. Ebenso wie in den Orten Beylerbeyi, Karaman und Ilgaz wurden auch in diesem romantischen Örtchen viele der alten Häuser von Europäern gepachtet und renoviert.

Im Dorf befindet sich eine spätbyzantinische Kirche mit mittelalterlichen Grabnischen. Sie kann leider von innen nicht besichtigt werden. Die türkisch-zypriotische Dorfmoschee mit Satteldach wurde Anfang des 19. Jahrhunderts erbaut.

Erwähnenswert sind noch zwei Lokale, die beide einheimische Grillgerichte servieren. Das „Happy Garden", Tel. 5 31 79, liegt direkt neben der alten Kirche und verfügt, wie schon der Name sagt, über einen wunder-

schönen schattigen Gastgarten. Das „Old Mill", ein sehr geschmackvoll eingerichtetes Lokal, ist in einer alten Mühle, nicht weit von der Dorfmoschee, untergebracht.


**Pensionen** → *Unterkunft*
**Politik** → *Geschichte*


# Post

Die Postämter sind montags bis freitags von 8-13 und 14-17 Uhr, samstags von 9-12 Uhr geöffnet.
Nordzypern ist international genausowenig anerkannt wie postalisch. Das führt dazu, daß nordzypriotische Briefmarken nicht überall anerkannt werden; Italien befördert überhaupt keine Post, die mit Briefmarken aus Nordzypern freigemacht ist.
Post, die vom Ausland nach „Nordzypern" geschickt wird, landet in der Regel in der Republik Zypern. Die Adresse muß deshalb statt Nordzypern die Anschrift „Mersin 10, Türkei" tragen.
Das gleiche gilt selbstverständlich auch für postlagernde Briefe. Diese Briefe müssen dann den Vermerk „post restant" haben und sind an das jeweilige Hauptpostamt (Merkez Postane) zu richten. Die Briefe werden nur nach Vorlage des Reisepasses/Personalausweises ausgehändigt.
Telefoniert wird nicht von der Post aus, sondern vom Telegrafenamt (Telekomünikasyon dairesi) → *Telefonieren*
**Kleiner Sprachführer:**
Brief: mektup
Briefmarke: pul
eingeschrieben: taahhütlü
Luftpost: uçakla
Paket: paket
Postkarte: kartpostal
postlagernd: postrestant

# Reiseapotheke

Medikamente gegen folgende Krankheitsfälle sollten in jeder Reiseapotheke zu finden sein: Fieber, Hals-, Augen- und Ohrenentzündungen, Schmerzen, Durchfall, Magenbeschwerden, Übelkeit, Verdauungsprobleme, Allergien, Hautpilz, Insektenstiche und Sonnenbrand. Weiterhin sind von Nutzen: ein Fieberthermometer, eine Schere, Mullbinden, Pflaster, Sicherheitsnadel, keimfreie Wundauflage und ein Dreieckstuch.
Alle eventuell benötigten Medikamente bekommt man auch rezeptfrei in den zypriotischen Apotheken.
→ *Apotheken, Ärztliche Versorgung in den jeweiligen Ortschaften*

# Reisen im Land

**Mit dem Auto/Motorrad**
Wenn im Text nicht ausdrücklich darauf hingewiesen ist, sind die Straßen in Nordzypern asphaltiert und in gutem Zustand.
*Verkehr*
Ein Relikt aus der englischen Kolonialzeit ist der Linksverkehr, der sowohl für den Autofahrer als auch für den Fußgänger gewöhnungsbedürftig ist.
*Verkehrsbestimmungen*
Außerhalb geschlossener Ortschaften besteht Gurtpflicht!
Höchstgeschwindigkeiten: innerhalb geschlossener Ortschaften 40 km/h, auf Landstraßen 80 km/h.
Promillegrenze: 0,0 Promille.
Auf gleichberechtigten Straßen hat der Rechtskommende Vorfahrt, das gleiche gilt für den, der sich im Kreisverkehr befindet.
Die Verkehrszeichen entsprechen den europäischen Symbolen.
*Ersatzteile*
Wer mit dem Auto nach Nordzypern fährt, sollte folgende Originalteile mit sich führen: Gaszug, Kupplungszug, Keilriemen, Zündkerzen, Sicherungen, ein Satz Glühbirnen, Kabelmaterial, eine gut sortierte Werkzeugkiste, in der auch das für das jeweilige Auto notwendige Spezialwerkzeug enthalten ist. Ebenfalls nicht vergessen sollte man Verbandskasten, Wa-

genheber, Warndreieck, Starthilfekabel, Abschleppseil und Luftpumpe. Diese grundlegenden Dinge sowie eine gründliche Inspektion vor Urlaubsbeginn schränken möglichen Ärger von vornherein ein. Notfalls kann man immer noch eine der vielen freien Werkstätten aufsuchen.

*Diebstahl*

Sollte einem, was wirklich äußerst selten vorkommt, während der Reise durch die Türkei das Auto gestohlen werden, so benötigt man nach dem Gang zur Polizei auch noch vom zuständigen Zollamt eine Bescheinigung über den Verlust. Da das Fahrzeug in den Paß eingetragen ist, braucht man dieses Papier, ohne das die Beamten an der Grenze den Stempel nicht löschen können.

→*Autovermietung, Benzin, Dokumente, Notfall*

**Mit dem Bus**

Die billigste Fortbewegungsart auf Nordzypern ist der Bus. Zwischen den größeren Städten gibt es regelmäßige Busverbindungen.

**Mit Taxi und Dolmuş**

Taxis sind – aber nur im Vergleich zu anderen Verkehrsmitteln – teuer. Die Fahrpreise sind offiziell festgelegt, man sollte sie mit dem Fahrer im Zweifelsfalle vorher abklären.

**Rizokarpaso** →*Dipkarpaz*

# Salamis

Die etwa 20 km nordöstlich von Gazımağusa gelegene Ruinenstadt Salamis und die nähere Umgebung zählt zu dem kulturgeschichtlich Interessantesten des Mittelmeerraumes. In seltener Dichte konzentrieren sich hier Baudenkmäler verschiedener Epochen: aus der Bronzezeit die Stadt Enkomi, eisenzeitliche Königsgräber, das antike Salamis und das byzantinische Barnabas-Kloster.

## Salamis / **Geschichte**

Die Siedlungsgeschichte der Stadt Salamis reicht bis ins 11. Jahrhundert vor Chr. zurück. Nach einem Mythos war es Teukros, einer der Helden der Ilias, der von seinem Vater verbannt wird und nach dem Fall von Troja an der Ostküste Zyperns eine Stadt gründet, die er nach seiner Heimat Salamis nennt.

Im 8. Jahrhundert vor Chr. war die Stadt bereits ein wichtiges Wirtschafts- und Handelszentrum. Aus dieser Zeit stammen auch die berühmten Königsgräber *(→Sehenswürdigkeiten),* die ca. 1 km westlich der Ruinen von Salamis zu sehen sind. Im 5. Jahrhundert vor Chr. war die Stadt in die griechisch-persischen Auseinandersetzungen verwickelt und stand lange Zeit unter persischer Oberherrschaft. Nach dem Tode Alexander des Großen (333 v. Chr.) wird Salamis zur Provinz des hellenisierten Ägypten. Schwere Erdbeben in den ersten Jahren unserer Zeitrechnung lassen jedoch nicht viel übrig vom alten Glanz der Stadt. Nach der Entstehung des Christentums in Palästina beginnt in Salamis eine rege Missionstätigkeit. Im Jahr 45 predigten hier die Apostel Paulus, Markus und der aus Zypern stammende Barnabas, der im Jahr 52 in Salamis den Märtyrertod starb. Nach einem Judenaufstand im Jahr 115, der in Salamis ausbrach und angeblich über 200 000 Opfer auf der Insel forderte, ordnete der römische Senat die Vertreibung sämtlicher Juden von der Insel an. Unter den Byzantinern wird Salamis wieder Hauptstadt der Insel, aber nach wiederholten Überfällen von Sarazenen im 7. Jahrhundert und der Versandung des Hafens wird Salamis, das inzwischen den Namen Constantia trägt, zugunsten der Lagunensiedlung Arsinoe, dem heutigen Gazimağusa, aufgegeben. Letzte Siedlungsspuren sind aber aus dem 13. Jahrhundert durch Münzen aus der Lusignanzeit bezeugt.

## Salamis / **Sehenswürdigkeiten**

Die imposantesten Ruinen stammen aus der römischen und frühchristlichen Zeit.

Nachdem man die Eingangspforte beim Restaurant durchschritten hat, erreicht man zuerst das rechterhand gelegene *Gymnasion,* das im 2. Jahrhundert, nachdem die vorherige Anlage von einem Erdbeben zerstört worden war, unter den Kaisern Trajan und Hadrian neu aufgebaut worden ist. Seine heutige Form erhielt es im 4. Jahrhundert unter Kaiser Constantius. Das Gymnasion bestand aus einem Komplex öffentlicher

Bäder, dem ein Hof, wo Athleten und Krieger der Stadt für ihre Wett-
kämpfe trainieren konnten, vorgelagert war. Die zwei Becken links und
rechts der Säulenhalle waren Schwimmbecken und stammen noch aus
der Bauphase des 2. Jahrhunderts. Die am nördlichen Becken aufgestell-
ten Statuen stammen auch aus dieser Zeit, ihnen wurden von den Christen die Köpfe abgeschlagen. In der Südwest-Ecke befand sich eine
Gemeinschaftslatrine, die 44 Personen Platz bot. Man konnte von dort
durch Türöffnungen, die in christlicher Zeit zugemauert wurden, das
Geschehen im Hof beobachten. Die meisten der der 1952-55 aufgerich-
teten Marmorsäulen, die bis zu 50 Tonnen wiegen, stammen aus den
umliegenden Gebäuden. Sie ersetzten beim Wiederaufbau im 4. Jahrhundert die zerstörten Säulen der Halle.
Vom Gymnasion gelangt man über eine breite Treppe vorbei an den
Grundmauern eines noch nicht ausgegrabenen *Stadions* zum *Theater*.
Der 20 m hohe Bau mit seinen 50 Rängen für etwa 16 000 Zuschauer
entstand während der Regierungszeit des Kaiser Augustus (27-14 v.
Chr.) und war eines der größten Theater des Mittelmeerraumes. Im Büh-
nenraum konnten nicht nur Theaterstücke aufgeführt, sondern sogar
ganze Seeschlachten zur Darbietung gebracht werden. Zu diesem
Zweck wurde der Innenraum einfach mit Wasser aufgefüllt. Nach den
Erdbeben des 4. Jahrhunderts wurde das Theater nicht wieder aufgebaut, sondern diente als Steinbruch. Die Überreste des unter Sanddünen
liegenden Theaters wurden erst 1959 freigelegt und teilweise rekonstru-
iert.
Südlich vom Theater gabelt sich der Weg. Folgt man dem rechten Weg,
passiert man die massiven Mauerreste einer weiteren *Badeanlage* und
erreicht bald die Hauptstraße. Geht man jedoch links, findet man kurz vor
der Kreuzung linkerhand die Reste einer *römischen Villa* mit interessan-
tem Mosaikfußboden.
Wenn man an der Kreuzung nach links zum Meer geht, kann man,
versteckt zwischen Mimosensträuchern, die Gewölbe einer *byzantinischen Zisterne* finden. Die Fresken auf den unterirdischen Gewölben sind
zwischen dem 4. und 6. Jahrhundert entstanden und stellen einen Chri-
stuskopf und Meereslandschaften dar. Die Zisterne selbst stammt aus
dem 1. Jahrhundert, nach dem Wiederaufbau der Stadt wurde sie wahr-

scheinlich als Baptisterium genutzt. Gegenüber der Zisterne steht auf einem Hügel eine *römische Stadtvilla* mit einer repräsentativen Apsiden-halle und zentralem Innenhof mit Säulenportikus. Nach der Aufgabe der Stadt wurde das Gebäude bis ins Mittelalter als Ölmühle verwendet.

Südlich der Villa, nicht weit vom Meer, erreicht man schließlich die *Basilika Kampanopetra* aus dem 4. Jahrhundert. Die fünfschiffige Kirche gliedert sich in ein breites Mittelschiff und zwei schmalere Seitenschiffe mit flankie-renden Katechumena. Diese Katechumena dienten wie der Narthex und die Vorhöfe als Aufenthaltsort der Ungetauften. In der Hauptapsis ist noch ein Teil der Stufenanlage erhalten, auf der sich der Bischofsthron befand. Im Osten der Basilika steht ein breites Atrium, das als Palästra eines Thermen-Gymnasions diente. In einem angrenzenden Gebäude sind au-ßergewöhnlich schöne Mosaiken zu sehen.

Wenn man den Weg, den man gekommen ist, wieder zurückgeht und sich an der Wegkreuzung nach links wendet, erreicht man nach ein paar Metern die Reste der *Basilika Agios Epiphanios,* der größten Kirche auf Zypern. Sie wurde während der Amtszeit des Bischof Epiphanio (368-403) erbaut. Da die Kirche nur unvollständig ausgegraben ist – Narthex, Atrium und Peristyl sind noch unter dem Sand verborgen – wirkt die Kirche kleiner als die fast vollständig ausgegrabene Basilika Kampanopetra. Die Basilika, deren je drei Seitenschiffe durch 14 Steinsäulen mit korinthischen Kapitel-len vom Hauptschiff getrennt waren, hatte eine Grundfläche von 58 x 42 m.

Südöstlich der Basilika, am Weg zur Hauptstraße, befindet sich die *Agora,* auch *Steinforum* genannt. Die von Säulenhallen umgebene Agora, der Markt- und Versammlungsplatz der Stadt, war mit Statuen und Altären umgeben. Nach einer Inschrift wurde die Agora, deren Baugeschichte bis in die hellenistische Zeit zurückreicht, unter Kaiser Augustus restauriert. Fragmente der 9 m hohen Säulen, die in einem Abstand von 4,75 m den Innenhof flankierten, liegen verstreut im Gebüsch.

Vor der Agora befand sich einst das *Hauptwasserreservoir* des spätrömi-schen Salamis. Drei Pfeilerreihen trugen das Gewölbe der Zisterne, deren Wasser über ein 60 km langes Aquädukt aus → *Değirmenlik* herbeigeführt und über ein Rohrsystem an die kleineren Zisternen und Brunnen der Stadt verteilt wurde.

Südlich der Agora stand auf einem Podium der *Zeustempel* von Salamis.

# Salamis / **Umgebung**

Ca. 1 km westlich der Stadt Salamis befinden sich die **Königsgräber von Salamis.** Von der Straße, die nach Tuzla führt, muß man nach links abbiegen. Gleich neben dem Wächterhaus sind einige Rekonstruktionen der Funde ausgestellt. Die Freilegung der Gräber hat den Archäologen aufschlußreiche Hinweise auf Kultur und Lebensstandard der damaligen Bevölkerung geliefert. Zwar waren auch hier, wie so oft, den Archäologen Grabräuber zuvorgekommen, aber diese hatten nur die eigentlichen Grabkammern, aber nicht die Dromoi, die Zugänge zu den Grabkammern, geplündert. Ein Grab bestand im wesentlichen aus dem Dromos, einem trapezförmigen Zugang, der zum Propylon, einem Vorhof führte. Vom Propylon gab es einen Durchgang zur Grabkammer, der mit einem mächtigen Stein verschlossen werden konnte.

Besondere Aufmerksamkeit fand das *Grab mit der Nummer 47,* in dessen Dromos die Ausgräber mehrere Pferdeskelette fanden. Zwei dieser Skelette, die von einer Bestattung im 8. Jahrhundert vor Chr. stammen, sind heute noch zu sehen. Man nimmt an, daß der Tote mit einem Pferdewagen in das Grab gefahren worden ist. Die Pferde wurden sodann im Dromos geopfert. Ca. 100 Jahre später wurde dieses Grab noch einmal benutzt. In einer Schicht, die etwa einen Meter über dem jetzigen Niveau lag, fanden die Ausgräber die Skelette von sechs weiteren Pferden mit Scheuklappen und Stirnbändern aus Bronze und Elfenbein.

Zwei Bestattungen fanden auch im *Grab Nummer 79* statt, dem an Funden bisher reichsten der „Königsgräber". Neben einem relativ gut erhaltenen Thronsessel aus Elfenbein kamen Elfenbeinplatten mit Schnitzereien, die mit Goldfolie überzogen waren, zum Vorschein. Von der Rüstung des Verstorbenen fand man die bronzene Brustplatte, die mit Tier- und menschlichen Gestalten aus der orientalischen Mythologie geschmückt ist.

Deutlich sichtbar ist das *Grab mit der Nummer 50,* auch „Gefängnis der Hl. Katharina" genannt. Diese Grabanlage wurde seit dem 8. Jahrhundert vor Chr. mehrmals verwendet. In der Römerzeit wurde das Grab überwölbt, und in frühchristlicher Zeit diente es als Gefängnis. Einer Legende zufolge soll der zypriotischen Prinzessin Katharina eines Nachts im Traum Jesus erschienen sein und sie zum Christentum bekehrt haben. Kaiser Maxentius ließ sie einsperren und auf ein mit Messern und Nägeln bestücktes Rad binden. Als dieses Rad von Blitz und Donner zerstört wurde, ließ der Kaiser sie mit dem Schwert enthaupten. Engel trugen ihren Leichnam daraufhin zum Berg Sinai.

Während die Funde in den Gräbern 47, 79 und 50 eher orientalische Einflüsse aufweisen, stieß man in den gegenüberliegenden Gräbern mit den Nummern 1, 2 und 3 auf große Mengen griechischer Keramik. Im Grab Nummer 3 fand man Skelette von gefesselten Menschen, die den Schluß nahelegen, daß es sich um Menschenopfer handelte.

Ob es sich bei den Königsgräbern wirklich um Gräber von Königen handelt, ist nicht geklärt, sicher ist nur, daß die Menschen, die sich eine so aufwendige Bestattung leisten konnten, nicht zu den Ärmsten gehört haben.

Fährt man den Weg weiter in Richtung Süden, kommt man zum Cellarke, den Grabbezirk der einfachen Bevölkerung.

An der Straße, die von Salamis nach Tuzla führt, liegt das **Kloster des Hl. Barnabas.** Von Barnabas, der mit den Aposteln Paulus und Markus auf der Insel missionierte, leitet die orthodoxe Kirche Zyperns ihren Anspruch auf kirchliche Unabhängigkeit ab ( → *Geschichte).* Die Klosterkirche wurde im Jahr 1756 errichtet und stellt eine Rekonstruktion eines Vorläuferbaus aus dem 10. Jahrhundert dar. An dessen Stelle stand hier eine Kirche aus dem frühen 5. Jahrhundert, von der noch einige vermauerte Kapitelle und eine grüne Marmorsäule zu sehen sind. Aus dieser „schwitzenden Säule" soll eine heilkräftige Flüssigkeit austreten. Die Fresken in der Kirche stammen aus diesem Jahrhundert.

Einige Schritte vom Kloster entfernt befindet sich eine unterirdische, zur Nekropole von Salamis gehörende Grabkammer, in der sich das Evangelium und die Reliquie des Barnabas befunden haben soll. Den Schlüssel zum „Barnabasgrab", das noch heute Wallfahrtsort für die in Nordzypern verbliebenen Griechen ist, kann man beim Wächter abholen.

Fährt man die Hauptstraße weiter, kommt man etwa einen Kilometer nach dem Kloster zu einer Gabelung, von der die eine Straße rechts nach

Mutluyaka, die andere links nach Tuzla führt. Am östlichen Dorfrand befindet sich ein ca. 10 m hoher und 50 m breiter Grabhügel, das **Schein-grab des Nikokreon.** Wiederholt, aber ergebnislos von Grabräubern heimgesucht, gelang es Archäologen, 1966 eine Plattform freizulegen, die von einer Brandstelle eingenommen wurde. In der Asche befanden sich zahlreiche Terrakotten und lebensgroße Tonfiguren, aber keine Toten. Die zeitliche Übereinstimmung der Funde mit dem Untergang der Teukrerdynastie durch den Selbstmord des Nikokreon und seiner Familienangehörigen im Jahr 311 vor Chr. läßt vermuten, daß es sich bei dem Grab um ein Scheingrab handelt (→ *Geschichte).*

Biegt man an der Weggabelung jedoch nach rechts ab, kommt man zu einem eingezäunten Gelände, dem Ausgrabungsareal der antiken Stadt **Enkomi.** Die Wissenschaftler, die zu Beginn der Ausgrabungen reiche Grabbeigaben aus Gold, Elfenbein und mykenischer Keramik fanden, waren lange Zeit der Meinung, daß es sich um die Nekropolis einer untergegangenen mykenischen Stadt handeln müßte. Im Laufe der Grabungen stellte man jedoch fest, daß sich die Reste der Stadt über den Gräbern befanden, und die Toten nach alter Tradition in Gruben unter den Wohnbauten bestattet worden waren. Plötzlich entdeckte man auch Stadtmauern, Straßen, Tempelanlagen, Paläste und Fabriken. Die Stadt, die im 17. Jahrhundert vor Chr. gegründet worden war, stellt das erste städtische Zentrum der Kupferverarbeitung dar. Kupfer aus Enkomi überschwemmte in der späten Bronzezeit die Märkte Kleinasiens, Syriens, Palästinas und der Ägäis. Um 1200 vor Chr. wurde die Stadt von den Seevölkern zerstört, kurz darauf jedoch von mykenischen Siedlern erneut aufgebaut. Um 1075 wurde die Stadt durch ein Erdbeben zerstört und endgültig aufgegeben.

# Salamis / **Praktische Informationen**

### Baden

Direkt am Eingang zu den Ruinen von Salamis befindet sich der nach dem Restaurant benannte *Bedi's Beach,* ein schöner Sandstrand. Dieser Strand zieht sich mehrere Kilometer unter wechselnden Namen ostwärts.

**Essen und Trinken**

Am Haupteingang zu den Ruinen von Salamis befindet sich das „Bedi's Bar Restaurant" mit einer schattigen Terrasse, von der man einen wundervollen Blick über den feinsandigen Strand von Salamis hat.

Im nahegelegenen Dorf Yeni-Boğaziçi kann man im „Emirin Yeri" sehr gut essen.

**Unterkunft**

östlich der Abzweigung zu den Ruinen von Salamis steht an der Hauptstraße das „Hotel Rebecca", Tel. 6 58 00, das seine beste Zeit anscheinend schon hinter sich hat.

Die Übernachtung mit Frühstück kostet im EZ ab ca. 70, im DZ ab ca. 90 DM.

Das „Apartmenthotel Dağlı", Tel. 6 78 64, ist ein gemütlicher Familienbetrieb und befindet sich ca. fünf Minuten Fußweg vom Strand und den Ruinen von Salamis entfernt. 2 Wochen kosten pro Person im Winter ca. 500 DM, im Sommer ca. 950 DM.

Sehr schön am Meer gelegen, zwischen dem Hotel Salamis Bay und den Ruinen von Salamis, befindet sich das im schweizer Landhausstil erbaute „Hotel Park", Tel. 6 55 11.

Das 4-Sterne-Hotel verfügt über 180 Betten, die Übernachtung kostet mit Frühstück im EZ ab ca. 90 DM, im DZ ab ca. 120 DM.

Neben dem Hochausklotz des Salamis Bay Hotels befindet sich das „Hotel Mimoza", Tel. 6 54 60, wo die Übernachtung mit Frühstück im EZ ab ca. 70 DM und im DZ ab ca. 90 DM kostet.

Das „Salamis Bay Hotel", Tel. 6 72 00, welches 738 Urlaubern Unterkunft gewähren kann, ist bei der einheimischen Bevölkerung der Upper Class ein beliebtes Hotel für Hochzeiten, Bankette und Konferenzen. Dem Hotel angeschlossen sind die „Salamis Bay Bungalows", 13 Zweibett- und 21 Vierbettbungalows, die sich um den Hotelpool gruppieren, und die aus 28 Vierbettwohnungen bestehenden „Salamis Bay Hotel Apartments". Die Gäste der gleich daneben in einem nicht besonders schönen Gebäude untergebrachten „Sea Side Hotel Apartments", Tel. 6 72 08, können die Einrichtungen des Salamis Bay Hotel kostenlos mitbenutzen. Im Salamis Bay Hotel kostet die Übernachtung mit Frühstück pro Woche im EZ ab ca. 90 DM, im DZ ab ca. 120 DM.

Die Preise in den Bungalows und Apartments, auch in den Sea Side Apartments, liegen alle pro Woche und Person um die 250 DM in den Monaten Oktober bis Mai, in den Sommermonaten das Doppelte.

Etwa auf der halben Strecke vom Hotel Salamis Bay und der Abzweigung zur Ortschaft → Iskele befinden sich die „Long Beach Bungalows", Tel. 6 66 60. Die Anlage wurde erst 1990 zum Teil eröffnet und besteht aus 1 Bungalow mit 6 Betten (2 Wochen ab 500 DM/P), 23 Bungalows mit vier Betten (2 Wochen ab 600 DM/P) und 15 Bungalows mit 2 Betten (2 Wochen ab 700 DM/P). In der Zeit von Oktober bis Mai bezahlt man nur die Hälfte. Kürzere Mietzeiten hängen von der Belegung ab.

An der Straße von Salamis nach Boğaz, an der Abzweigung nach Kantara, befindet sich das „Hotel Giranel", Tel. 1 24 55. Mit Frühstück bezahlt man in diesem 2-Sterne-Hotel im EZ ab ca. 40 DM, im DZ ab ca. 50 DM. Der Strand ist etwa 150 m entfernt.

Gegenüber dem Hotel Giranel am Meer befindet sich „Onur Camping". Die Telefonvorwahl ist für alle Hotel 0 36, nur das Hotel Giranel hat die Nummer 0 37.


# Sazlıköy (griech. Livadia)

Etwas abseits der Hauptstraße, die zur Spitze der Karpas-Halbinsel führt, liegt das Dorf Sazlıköy, in dessen Umgebung sich die Reste einer architektonisch äußerst interessanten Kirche aus dem 10/11 Jahrhundert befinden. Diese Kirche ist auf den Grundmauern einer frühbyzantinischen Basilika errichtet, von der noch Teile eines Mosaiks aus dem 6. Jahrhundert zu sehen sind. Die im Innenraum spärlich erhaltenen Fresken stammen aus dem 13. Jahrhundert.


**Schecks** → *Geld*
**Schiffsverbindungen** → *Fährverbindungen*

# **Soli** (Soloi)

Nicht weit vom Erzhafen von Gemikonağı befinden sich die Ruinen der antiken Stadt Soloi. Die griechische Mythologie sieht in Akamas, dem Sohn des Theseus und Geliebten der Aphrodite den Gründer der Stadt. Ebenfalls einer Legende entspringt die Erzählung von Strabo über die Gründung der Stadt. Demnach soll der athenische Staatsmann Solon einst den König von Soloi, Pilokypros, besucht haben, das sich, wie auch Plutarch berichtet, weiter im Landesinneren befunden haben soll. Auf den Rat Solons wurde die Stadt seewärts verlegt und zu Ehren des weisen Mannes Soloi genannt.

Daß dies aber Legenden sind, darauf weist eine assyrische Tributliste hin, auf der die Stadt schon im 7. Jahrhundert vor Chr., also vor der Zeit Solons, als „Si-il-lu" erscheint.

Im Jahr 498 vor Chr. nahm Soloi am Aufstand der ionischen Küstenstädte gegen die Perser teil. Herodot berichtet darüber (Buch 5, 115), daß „von den belagerten Städten . . . Soloi am längsten Widerstand leistete. „Erst im fünften Monat fiel es, nachdem die Perser die Mauer rings untergraben hatten". Wie sehr man jedoch den besiegten Bewohnern der Stadt mißtraute, zeigt, daß der perserfreundliche König Doxandros von Marion zur besseren Überwachung der Stadt den Palast von → Vouni errichten ließ. Über die Geschichte der Stadt in der klassischen Periode ist wenig bekannt, sie dürfte aber ein wichtiges Handelszentrum gewesen sein. 334 vor Chr. schlug sich Soloi auf die Seite von Alexander des Großen, ein solischer Königssohn nahm sogar an dessen Feldzug nach Ägypten teil.

In römischer Zeit erwarb die Stadt, die über einen gut geschützten Winterhafen verfügte (der heutige Hafen von Gemikonağı) durch die nahegelegenen Kupferminen großen Reichtum. Die Apostel Paulus und Barnabas missionierten unter der starken jüdischen Bevölkerung der Gegend. Der Untergang der Stadt begann im 4. Jahrhundert, der Hafen verlandete und die Kupferminen wurden geschlossen. Obwohl Soloi im 7. Jahrhundert unter den Überfällen arabischer Piraten stark zu leiden hatte, berichten Reisende aus dem 18. Jahrhundert noch von umfangreichen Tempel- und Toranlagen. Heute aber ist von der ehemaligen Pracht kaum mehr

etwas zu sehen, die Stadt diente als „Steinbruch" für den Bau der Hafenanlage von Port Said in Ägypten.

Auf einer künstlich angelegten Terrasse neben dem Häuschen des Rui-
nenwächters befindet sich die im 4. Jahrhundert erbaute frühchristliche
*Basilika von Soli*. Die baulichen Veränderungen im 5./6. und im 12. Jahrhundert spiegeln den Aufstieg und Niedergang der Stadt in spätrömi-
scher und byzantinischer Zeit wider. Der über 30 m lange, dreischiffige
Bau hatte ursprünglich nur eine Apsis. Der Boden war mit figürlichen und
ornamentalen Mosaikmustern bedeckt, von denen heute noch ein Mo-
saikfeld erhalten ist, das einen eleganten Schwan zeigt. Die großen Pfeiler stammen aus der ersten Umbauphase, während der das Hauptschiff
erweitert und an das nördliche Seitenschiff ein apsidiales Paraekklesion
angebaut wurde. An die Vorhalle grenzt ein nur teilweise ausgegrabenes
Atrium mit Säulengang, an dessen Südseite Inschriften freigelegt wurden, die von der Christenverfolgung unter Diokletian berichten. Die Basilika wurde im 7. Jahrhundert während der Arabereinfälle zerstört, und
aus ihrer Ruine wurde im 12. Jahrhundert eine kleinere, mittelalterliche
Kirche errichtet, deren Reste im östlichen Teil der Basilika zu sehen
sind.

Weiter oben am Hügel befindet sich das 1929 von schwedischen Archäologen ausgegrabene und restaurierte römische *Theater*. Es stammt aus
dem 2. Jahrhundert, hat einen Durchmesser von 70 m und konnte etwa
4000 Personen aufnehmen. Von dem ehemaligen zweistöckigen Büh-
nengebäude, welches mit Marmorplatten und Statuen geschmückt war,
sind nur noch spärliche Säulenfragmente zu sehen.

150 m westlich des Theaters fand man die Fundamente eines dorischen
Tempels, von dem man Architekturfragmente in der Substruktion der
Cavea entdeckt hatte. Etwas weiter westlich stieß man nach gezielter
Suche auf einen umfangreichen Tempelbezirk, wo neben verschiedenen
Terrakotta- und Marmorplastiken auch die berühmte „Aphrodite von So-
loi" gefunden wurde, die durch geschickte Vermarktung inzwischen zu
einem Wahrzeichen der Insel geworden ist.

**Sourp Magar Kloster**  → *Esentepe*

# Sprachführer

Verständigungsschwierigkeiten wird man als Tourist in Nordzypern nicht haben. Die meisten Zyprioten sprechen Englisch, einige auch Deutsch oder eine andere Fremdsprache. Auch in den Hotels, Restaurants und auf Campingplätzen findet sich immer jemand, der eine Fremdsprache spricht. Dennoch empfiehlt es sich, einige Worte Türkisch vor der Reise zu lernen. Dies erleichtert die Kontaktmöglichkeiten zu der Bevölkerung sehr, besonders in der Karpas-Region, wo nach 1974 viele Festlandtürken angesiedelt worden sind.

## Türkisches Alphabet

| | |
|---|---|
| a | kurz und offen – „Kanne" |
| b | wie im Deutschen |
| c | -dsch- „Dschungel" |
| ç | -tsch- „Rutsche" |
| d | wie im Deutschen |
| e | kurz und offen, in Richtung ä – „Messe" |
| f | wie im Deutschen |
| g | wie im Deutschen |
| ğ | stimmlos, zur Dehnung voranstehender Vokale, oder als kaum hörbarer Reibelaut |
| h | vor Vokalen „Hand", vor Konsonanten als leichtes, stimmhaftes ch-"acht" |
| ı | kurz, guttural, etwa in „Tasche" |
| i | kurz und offen – „Wille" |
| j | stimmhaftes, weiches sch – „Journal" |
| k | wie im Deutschen |
| l | wie im Deutschen |
| m | wie im Deutschen |
| n | wie im Deutschen |
| o | kurz und offen – „Sonne" |
| ö | kurz und offen – „Könner" |
| p | wie im Deutschen |
| r | rollendes Zungen-r |
| ş | stimmloses, scharfes s, etwa wie ß – „Messe" |
| š | wie deutsches sch – „Masche" |
| t | wie im Deutschen |
| u | kurz und offen – „Kuß" |
| ü | kurz und offen – „Müller" |

v        wie deutsches w – „Wagen"
y        wie deutsches j – „Jäger"
z        stimmhaftes, weiches s – „Nase"

**Grundzahlen**

| | | | |
|---|---|---|---|
| 1 | bir | 40 | kırk |
| 2 | iki | 50 | elli |
| 3 | üç | 60 | atmiş |
| 4 | dört | 70 | yetmiş |
| 5 | beş | 80 | seksen |
| 6 | altı | 90 | doksan |
| 7 | yedi | 100 | yüz (nie:bir yüz) |
| 8 | sekiz | 110 | yüz on |
| 9 | dokuz | 120 | yüz yirmi usw. |
| 10 | on | 200 | iki yüz |
| 11 | on bir | 250 | iki yüz elli |
| 12 | on iki | 300 | üç yüz |
| 13 | on üç | 310 | uç yüz on |
| 14 | on dört | 400 | dört yüz |
| 15 | on beş | 500 | beş yüz |
| 16 | on altı | 600 | altı yüz |
| 17 | on yedi | 700 | yedi yüz |
| 18 | on sekiz | 800 | sekiz yüz |
| 19 | on dokuz | 900 | dokuz yüz |
| 20 | yimi | 1 000 | bin (nie:bir bin) |
| 21 | yimi bir usw. | 10 000 | on bin |
| 30 | otuz | 100 000 | yüz bin |

**Begrüßungen/Grundsätzliches**

Auf die Redewendung „hoş geldiniz" (Seien Sie willkommen) wird allgemein mit „hoş bulduk" geantwortet.

| | |
|---|---|
| Guten Morgen | Günaydin |
| Guten Tag | Merhaba, ivi günler |
| Guten Abend | Iyi akşamlar |
| Wie geht es Ihnen? | Nasılsınız? |
| Vielen Dank | Teşekkür ederim oder „mersi" |
| Bitte | Lütfen |
| Es gibt | Var |
| Es gibt nicht | Yok |
| Ja | Evet |
| Nein | Hayır |
| Ich habe nicht verstanden | Anlamadim |

## Uhrzeit/Tageszeit

| | | | |
|---|---|---|---|
| Wann? | Ne zaman? | eine Stunde | bir saat |
| gestern, heute | dün, bügün | Wie spät ist es? | Saat kaç? |
| morgen | yarin | Um wieviel Uhr? | Saat kaçta? |
| Vormittag, Nach-<br>mittag, Abend | Sabah, öğleden<br>sonra, akşam | | |

## Wochentage

| | | | |
|---|---|---|---|
| Sonntag | Pazar | Donnerstag | Perşembe |
| Montag | Pazartesi | Freitag | Cuma |
| Dienstag | Salı | Samstag | Cumartese |
| Mittwoch | Çarşamba | | |

## Reise

| | |
|---|---|
| Flughafen | Hava alanı |
| Fremdenverkehrsbüro | Turizm Bürosu |
| Hafen | Liman |
| ein gutes Hotel | iyi bir Hotel |
| Stadtzentrum | Şhir Merkezi |
| Achtung | Dikkat |
| Wo ? | Nerede? |
| ein Restaurant | bir lokanta |
| Ist es weit? | Uzak mı |

## Hotel

| | | | |
|---|---|---|---|
| ein Zimmer | bir oda | Frühstück | Kahvaltı |
| zwei Personen | iki kiši | Butter | Tereyağı |
| ein Zimmer mit | | | |
| Bad | Banyoulu bir | Kaffee | Kahve |
| Wieviel kostet es? | Fiatı nedir? | Tee | Çay |
| warmes Wasser | Sıcak su | Milch | Süt |
| ein Zusatzbett | llave bir yatak | Zucker | Şeker |
| die Rechnung | Hesap | | |

## Einkaufen

| | | | |
|---|---|---|---|
| Wieviel kostet dies? | Bu ne kadar | Gold | Altın |
| Das ist zu teuer | Çok pahalı | Silber | Gümüş |
| Das gefällt mir nicht | Bėgenmiyorum | Leder | Deri |
| Kupfer | Bakir | Ist dies alt? | Bu eski mi? |

# St. Hilarion

St. Hilarion ist die besterhaltene der drei Burgen (→ *Buffavento, Kantara*) in Nordzypern. Auf den ersten Blick scheint es, daß die mächtigen Mauern aus dem schroffen Felsen herausgemeißelt sind. Der Name der auf 725 m hoch gelegenen Festungsanlage geht auf den Einsiedlermönch Hilarion zurück. Der Mönch hatte im 4. Jahrhundert seine Eremitage in Ägypten. Diese gab er auf, zog sich nach Zypern zurück und gründete eine neue Einsiedelei, um die sich im Laufe der Zeit eine Mönchssiedlung bildete. Im 11. Jahrhundert wurde diese Siedlung zum Schutz vor den plündernden Sarazenen befestigt. Erstmals erwähnt wurde die Burg im Zusammenhang mit der Eroberung der Insel durch die Kreuzritter. Der byzantinische Despot Isaak Komnenos, ein Neffe des byzantinischen Kaisers Manuel Komnenos, der mit gefälschten Papieren auf die Insel gekommen war und sich zum Kaiser von Zypern krönen ließ, zog sich in die Burg vor den Truppen Richard Löwenherz zurück.

Die Franken nannten die Burg *Dieu d'Amour,* abgeleitet von Didyomi (= die Zwillinge), den zwei Berggipfeln der Oberburg. Im Krieg zwischen dem deutschen Kaiser Friedrich II. und den königstreuen Baronen unter Jean d'Ibelins wurde die Burg mehrmals umkämpft. Jean d'Ibelin, der die Regentschaft für den minderjährigen König Henri I. ausübte, baute innerhalb kurzer Zeit die byzantinische Burg zu einer Kreuzritterfestung aus. 1229, Jean d'Ibelin war in Syrien, um seine Truppen zu unterstützen, gelang es Kaiser Friedrich, die Burg einzunehmen. Jean d'Ibelin mußte nach seiner Rückkehr seine eigene Burg angreifen. 1232 übergab die ausgehungerte Besatzung nach neunmonatiger Belagerung die Burg. Danach wurde die Burg Sommerresidenz der Lusignankönige. Ihre Geschichte endet unter den Venezianern, die die Festung aufgaben, da sie im Verteidigungsfall nur von einer vielköpfigen Besatzung hätte gehalten werden können.

Die wichtigsten Teile der Festung sind noch heute gut zu erkennen. Man betritt die Burg durch den *Zwinger,* der durch einen Torbau gesichert ist. Im folgenden Teil der Anlage befanden sich die Unterkünfte der Mannschaften und die Stallungen. Der Weg zum zweiten Torbau, der in fränkischer Zeit mit einer Zugbrücke gesichert war, führt an der byzanti-

nischen Mauer entlang, die von vier hufeisenförmigen Türmen verstärkt
wird. Durch eine gewölbte Passage gelangt man in den zweiten Abschnitt der Burg, den Aufenthaltsbereich der Ritter. Über eine steile
Treppe erreicht man die *Kirche* des einstigen Klosterkomplexes, die den
Kreuzrittern als Burgkapelle diente. Die aus dem 10. Jahrhundert stammende 8-Stützenkirche ist eine Variante der byzantinischen Kuppelkirche. Die mächtige Kuppel wird von 8 Stützen, die ein irreguläres Oktogon
bilden, getragen. Denselben Bautypus kann man auch in der nahegelegenen Klosterkirche von → *Antiphonitis* erkennen. Neben der Kirche befindet sich eine kleine Sakristei. Nördlich der Kirche führen Stufen zu
einer Passage hinab, die die Überleitung zu einer großen Halle, dem
*Refektorium,* bilden. Von der Passage gelangt man auch zum *Belvedere,*
von wo aus man eine schöne Aussicht über die Nordhänge des Gebirges
und bei schönem Wetter bis zum türkischen Taurusgebirge hat. Vom
Refektorium, um das sich der Küchentrakt mit Speisekammer, ein ehemals viergeschossiger Wohntrakt und mehrere Kasernengebäude gruppieren, führt ein steiler, gewundener Pfad in den oberen Teil der Anlage,
den man durch ein Portal betritt. Im Norden befinden sich Wirtschaftsge-
bäude, im Westen wird der Hof von den *königlichen Gemächern,* die auf
zwei Felsen gebaut sind, abgeschlossen. Im zweiten Stock des Königs-
palastes ist ein gotisches Maßwerkfenster mit seitlichen Sitzbänken, das
*Fenster der Königin* erhalten, von dem man auf das Bergdorf Karaman
und die Ebenen von Lapta sieht. Am Rückweg kann man noch den *Prinz
Jean Turm* besuchen, der zwischen der mittleren und oberen Burg steht.
Von diesem Turm stürzte einst der jähzornige und mißtrauische Prinz
Jean von Antiochia seine bulgarische Leibgarde vom Felsen. Nachdem
Peter I. durch eine Verschwörung der Barone 1369 ums Leben gekommen war, wollte die Adelspartei seinen Bruder, Jean von Antiochia, der
mit der mächtigen Adelsfamilie d'Ibelin verschwägert war, zum Nachfolger und nicht, wie es die Erbfolge bestimmt hätte, dessen Sohn Peter II.
Doch die Witwe von Peter I., Eleonore von Aragon, die mit dieser Entscheidung nicht einverstanden war, bekämpfte Jean von Antiochia, der
sich in die Burg St. Hilarion zurückzog. Eleonore verstand es, das Miß-
trauen des Fürsten gegen seine bulgarische Leibwache zu schüren, daß
er schließlich glaubte, sie würde ihm nach dem Leben trachten. Daraufhin

stürzte er die Männer eigenhändig vom Turm. Mit dieser Tat war auch sein Schicksal besiegelt, er kam kurz danach in einem Hinterhalt ums Leben.

Man erreicht die Burg, wenn man von der Straße Girne – Lefkoša nach 6 km rechts abbiegt. Eine schmale asphaltierte Straße führt durch ein militärisches Übungsgebiet (Halten und Fotografieren strengstens verboten!) und erreicht nach 5 km die Burg.

Eine zweite Straße, die allerdings nur mit einem geländegängigen Fahrzeug zu befahren ist, führt von  → Lapta zur Burg.

Direkt vor dem Eingang befindet sich ein Parkplatz, die Burg ist täglich von 8-18 Uhr geöffnet.


# Strände

Unbestritten verfügt der nördliche Teil der Insel Zypern über die schöneren Strände; kleine verschwiegene Buchten, aber auch kilometerlange Sandstrände, abgelegene wilde Dünenlandschaften, aber auch gut ausgestattete Hotelstrände, deren Benutzung allerdings oft kostenpflichtig ist.

Direkt am Kap findet man um den einsamen Leuchtturm nur flache Felsenküste, das Kap läßt sich auch nur mit einem geländegängigen Fahrzeug erreichen. Weiter Richtung Kayalar führt die Straße entlang einer atemberaubenden Küstenlandschaft mit winzigen, versteckten Buchten.

Ca. 5 km östlich vom Dorf Kayalar – das übrigens romantisch in die steil abfallenden Felsen des Gebirges gebaut ist – findet man eine Bucht, die durch einen bizarren Felsen auffällt, der in die Landschaft ragt.

Wenn man zwischen den Orten Geçitköy und Güzelyalı auf die Hauptstraße trifft, erreicht man einen wenig schönen Sandstrand, auf dem ein Hotel gebaut ist.

Die Straße führt nun ein kurzes Stück landeinwärts und erreicht bei  → *Lapta* wieder die Küste. Dort befindet sich der *Belediye Plaji* (Gemeindestrand) mit Duschen, Sonnenschirmen und Umkleidemöglichkeiten. Außerdem findet man dort einige improvisierte Restaurants, die gutes und preisgünstiges Essen anbieten.

Das Hotel Celebrity hat mittlerweile keinen Strand mehr, sondern eine mit Sand aufgeschüttete Liegefläche mit allen Annehmlichkeiten. Eintrittsgebühr!

Ebenfalls kostenpflichtig ist das Baden am feinsandigen, flach abfallenden Strand der Clubanlage Monte Mare. Sonntags ist dieser Strand oft überlaufen.

Beim *Halk plajı von Alsancak* handelt es sich nur um eine kleine Sandbucht ohne Ausstattung,

Sehr schön dagegen ist der flache, halbmondförmige Sandstrand des Hotel Deniz Kızı, wo auch Wassersportmöglichkeiten (Surfen, Wasserski, Tauchen) bestehen.

Bis zum *Bambi Beach,* der ca. 8 km vor Girne liegt, gibt es eine Menge kleiner, versteckter Buchten, man muß nur eine der kleinen Seitenstraßen befahren, die zum Meer führen. Der Bambi Beach ist ein idealer Strand für Kinder, weil das Wasser nur sehr langsam tiefer wird. Man findet in der geschützten Bucht Sonnenschirme, Liegen, Umkleidekabinen, ein Restaurant und eine Strandbar.

Ein Strand mit politischer Bedeutung ist der *Five Mile Beach* kurz vor der Ortschaft Karaoğlanoğlu: Hier landeten am 20. Juli 1974 die türkischen Truppen. Dieser Strand, an dem sich eine schlichte Strandbar befindet und dessen Sonnenschirme auch schon einmal bessere Zeiten gesehen haben, ist trotz seines wundervoll klaren Wassers praktisch immer leer.

Im Ort Karaoğlanoğlu gibt es nur einen winzigen Strand für die Gäste des Riviera Mocamp, der mit Duschen und Schirmen ausgestattet ist.

Die Beschreibung der weiteren Strände → *Girne* und *Çatalköy.*

17 km östlich von Girne befindet sich ca. 1 km von der Hauptstraße *Ketcho's Place.* Der wunderbar feinsandige, flache Strand, der sich in weichen Kurven am Wasser entlangschwingt, verfügt über keinerlei Ausstattung.

4 km weiter beginnt eine herrliche Dünenlandschaft mit dem *Strand von Alakadı.* Das Gelände, übrigens ein bedeutender Brutplatz für Wasserschildkröten, ist aber wegen des Baus einer Feriensiedlung schon seit längerem eingezäunt.

An der Abzweigung zum Dorf Karaağac befindet sich unterhalb einer verfallenen Kirche ein kleiner Kiesstrand.

Am *Yalı Gazinosu,* ca 49 km östlich von Girne, befindet sich ein kleiner Sandstrand.

Ein längerer Kiesstrand liegt an der Abzweigung zum Dorf *Esentepe*. Dieser hat allerdings den Nachteil, daß bei Nordwind viel Unrat angeschwemmt wird.

Beim Dorf *Küçük Erenköy,* das nur aus ein paar Häusern, einem Geschäft und einem Restaurant besteht, gibt es einen kleinen Strand.

Zwischen den Ortschaften *Yalı* und *Tatlısu* befinden sich an den im Sommer ausgetrockneten Flußmündungen kleine Abschnitte mit Sandstrand, allerdings direkt an der Straße gelegen und ohne Schatten.

Der *Kaplıca Plajı* ist ein langgezogener einsamer Sandstrand unterhalb des gleichnamigen Dorfes. Am östlichen Ende des Strandes befindet sich in einer Bucht ein kleiner Fischerhafen mit einem Restaurant.

Östlich der Ortschaft → Yenierenköy zweigt eine Straße zum *Halk Plajı* ab. Nach etwa 1 km erreicht man einen Sandstrand mit Duschen, Umkleidekabinen und Restaurant. Ein paar Kilometer weiter östlich befindet sich das *Malibu Beach Restaurant* mit einem schönen gepflegten Sandstrand mit Sonnenliegen und Sonnenschirmen. Dem Restaurant sind auch einfache Übernachtungsmöglichkeiten angeschlossen.

Weitere Strände im Osten der Insel → *Dipkarpaz*.

Etwa auf der gleichen Höhe von Yenierenköy, aber an der Südküste, befindet sich das Dorf *Kaleburnu,* wo sich der Gemeindestrand von Ziyamet befindet.

An der Straße von Taşlıca nach Kumyalı, die allerdings nur mit einem geländegängigen Fahrzeug zu befahren ist, befinden sich mehrere einsame Buchten mit Sandstrand. Sehr schön ist der Strand an der Mündung des meist ausgetrockneten Baches. Am westlichen Ortsrand von Kumyalı führt eine Straße zu einem kleinen Fischerhafen, an dem sich auch ein Restaurant befindet. Sandstrand.

Beim Dorf *Bafra* liegt der gleichnamige Strand, an dem ein Feriendorf gebaut wurde.

Weitere Strände bis Gazımağusa → *Salamis*

# Telefonieren

Telefonate kann man entweder direkt vom Hotel, oder preiswerter, vom Telegrafenamt (Telekomünikasyon) aus führen.

Die Vorwahlnummern für BRD: 9 49, A: 9 42, CH: 9 41, NL: 9 31, gefolgt von der Ortskennzahl ohne Null. Die Vorwahl für Nordzypern ist 0 09 05, dann die Ortsvorwahl ohne Null und die Teilnehmernummer. Ortsvorwahlen von Zypern finden Sie unter den Orten (Stichwort Post).

→ *Post*

**Toumba tou Skourou** → *Güzelyurt*

# Touristeninformation

Touristeninformationsbürs gibt es neben dem Flughafen in Gazımağusa, Girne und Lefkoşa. Die Öffnungszeiten dieser Büros sind die gleichen wie die der Behörden (→ *Öffnungszeiten*). Man darf allerdings außer einer Liste mit Hotels, einem Stadtplan und einem Stapel Prospekte keine ausführlichen Information erwarten.

→ *unter den Orten*

**Trikomo** → *Iskele*

# Unterkunft

Hotels und Pensionen gibt es in Zypern in allen Preis und Qualitätslagen. Wer allerdings einen dieser Betonbunker mit mehreren hundert Betten sucht, wie es sie im griechischen Teil der Insel zuhauf gibt, wird in Nordzypern allerdings lange danach suchen müssen. Bis auf das Hotel Salamis Bay bei Famagusta findet man nur kleinere Hotels oder Ferienanlagen.

Neben ca. 40 Hotels, die vom Ministerium für Tourismus registriert und mit Sternen ausgezeichnet sind, gibt es noch viele kleine Hotels und Pensionen, die jedoch größtenteils in den drei Großstädten und nicht am Strand liegen. Im Vergleich zum südlichen Teil der Insel, der etwa 3/5 der Fläche der Insel ausmacht und in dem man ca. 70 000 Betten findet, ist der nördliche Teil mit ca. 5000 Betten touristisches Niemandsland. Die Hotels sind in fünf verschiedene Kategorien unterteilt (1 bis 5 Sterne), die Bewertung entspricht allerdings nicht mitteleuropäischem Standard. Die Preise werden vom Tourismusministerium jeweils für ein Jahr im voraus festgelegt, eine Überschreitung dieser Höchstpreise ist strafbar. Bei den in diesem Reiseführer angegebenen Unterkunftspreisen handelt es sich um Ca.-Angaben, die starken saisonalen Schwankungen unterliegen. Es empfiehlt sich daher, auf jeden Fall noch einmal nachzufragen.

In den Bungalowsiedlungen und einigen Apartmenthotels beträgt die Mindestverweildauer eine bis zwei Wochen, man kann aber bei schlechter Belegung einen Tagespreis aushandeln.

In der Gegend von Girne gibt es außerdem einige Ferienhäuser, die einige Reiseveranstalter in ihr Programm aufgenommen haben. Da die Häuser, die in der Regel meist nur über 3-5 Apartments verfügen, in der Hochsaison meist ausgebucht sind, empfiehlt sich eine rechtzeitige Reservierung. Nähere Informationen erhalten Sie in den entsprechenden Reisebüros.

Das Angebot an offiziellen, europäischem Standard entsprechenden Campinplätzen ist äußerst mager. Nur drei Kilometer westlich von Girne bei der Ortschaft Karaoğlanoğlu befindet sich direkt am Meer das „Riviera Mocamp". Ansonsten haben einige Restaurantbesitzer Duschen aufgestellt und haben nichts gegen „wildes" Camping.

→ *unter den Orten*

# Verhalten

Auf Zypern hat Gastfreundschaft Tradition. Dem Fremden wird hier mit einer Offenheit und selbstverständlichen Hilfsbereitschaft begegnet, aber auch mit Neugier, wie sie in Europa nur selten anzutreffen ist. Um so wichtiger ist es da, als Gast im fremden Land mit dafür Sorge zu tragen, daß diese schöne Sitte erhalten bleibt. Wie immer sich das Verhältnis zwischen Einheimischen und Touristen auch entwickeln mag, der Besucher sollte sich darüber im klaren sein, ein Stück Verantwortung zu tragen. Denn ob die Touristen in erster Linie danach beurteilt werden, wieviel Geld man ihnen entlocken kann, liegt auch daran, ob die Einheimischen lediglich als Dienstleistende betrachtet werden, mit denen man gut feilschen kann, deren Kultur und typische Lebensart jedoch keinen Gedanken wert sind.

→*FKK, Religion*

# Vouni

Im westlichen Zipfel von Nordzypern befindet sich auf einem 225 m hohen, steil zum Meer abfallenden Felsen der Palast von Vouni, durch seine Lage eines der markantesten Baudenkmäler des Mittelmeerraums. Es wird angenommen, daß der Palast in den ersten Jahren des 5. Jahrhunderts vor Chr. zur Überwachung der griechenfreundlichen Stadt →Soli von einem phönikischen König aus der Stadt Marion erbaut wurde. Darauf könnte der Schatz von Vouni hinweisen, der zu 60 % aus Münzen von Marion besteht. Es ist aber auch denkbar, daß der Palast Sitz eines persischen Gouverneurs war. Fest steht nur, daß der Palast mindestens viermal umgebaut wurde. Während der ersten beiden Bauphasen befand sich im Südwesten des Palastes der Eingang zum Innenhof, der von Wohnräumen begrenzt war. Diese Architektur weist Ähnlichkeiten mit nordsyrisch-anatolischen Bauformen auf (Liwan-Typus). Die dritte Bauphase, die für die Mitte des 5. Jahrhunderts vor Chr. angesetzt wird, weist auf einen Herrscherwechsel hin. Der alte Eingang wurde zugemauert und ein neuer an der gegenüberliegenden Seite des Palastes geschaffen. Durch die Veränderung der Raumfolge wurde der Bau der griechischen Megaron-Architektur angeglichen. 449 vor Chr. landete denn auch der athenische Feldherr Kimon und ersetzte die phönikische Dynastie der Marion durch einen progriechischen König. Die vierte Bauphase ist nur an unwesentlichen Umbauten feststellbar. Die neue Herrscherdynastie hielt Vouni über 70 Jahre. Um 380 vor Chr. wurde Vouni, das in Zeiten ständig wechselnder Machtverhältnisse eine Bedrohung für die Bewohner von Soli darstellte, zerstört und niedergebrannt.

Die gesamte Anlage, von der außer Mauerresten nicht mehr allzuviel zu sehen ist, ist auf drei Terrassen angelegt. Auf der obersten findet man noch die Fundamente des Athene-Tempels, von dem die berühmte Bronzekuh von Vouni stammt. Sie steht heute im Zypernmuseum in Nicosia.

Der Königspalast lag auf der Mittleren Stufe. Man betritt ihn von Südwesten und erreicht einen Komplex, der aus einer dreiteiligen Raumanlage mit dominierendem Mitteltrakt bestand. Von der mittleren Halle – dem Liwan – führt eine Treppe zu einem zentralen Innenhof, der an drei Seiten von einer Säulenhalle begrenzt war. In der Mitte des Hofes ist noch die Zisterne, in die das Regenwasser von den umliegenden Dächern abgeleitet worden war, zu erkennen. Eine seltsam geformte Stele dürfte wohl als Brunnengewinde gedient haben. In der Ostecke befand sich eine Badeanlage mit Schwitzbad, welche als die älteste bekannte in der griechischen Architekturgeschichte gilt!

Auf der untersten Stufe befanden sich Wohnhäuser.

→ *Gemikonağı, Soli*

# Yeni Erenköy (griech. Yialousa)

Der Ort Yeni Erenköy befindet sich am nördlichen Teil der Karpas-Halbinsel und besitzt sogar ein kleines Hotel, das allerdings nur einfachsten Ansprüchen genügen dürfte.

Etwa 2 km östlich liegt die Ortschaft Sipahı *(griech. Agia Trias),* in der noch eine größere griechische Gemeinschaft lebt. In der Kirche, die sich in der Ortsmitte befindet, werden manchmal Gottesdienste abgehalten. Am nördlichen Ortsrand findet man eine maronitische Kirche. Fährt man die Straße, die bald die Küste erreicht, noch ein Stück weiter, kann man an der linken Straßenseite die Reste der Kirche *Agia Trias* sehen. Von der Säulenbasilika aus dem 6. Jahrhundert sind noch bedeutende Reste des Mosaikfußbodens erhalten.